パレスチナで軍事衝突《ぐんじしょうとつ》

10月にパレスチナ自治区《じちく》ガザ地区《ちく》を実効支配《じっこうしはい》するイスラム組織《そしき》ハマスがイスラエルを攻撃《こうげき》、イスラエル軍《ぐん》が報復《ほうふく》を始《はじ》めた。死者《ししゃ》は双方《そうほう》合わせて1万6千人を超《こ》え、人道支援《しえん》のための一時休戦《きゅうせん》は実現《じつげん》したが、先行きは見通せない。写真《しゃしん》はイスラエル軍《ぐん》の空爆《くうばく》で煙《けむり》に覆《おお》われたガザ地区《ちく》＝11月、イスラエル南部《なんぶ》で撮影《さつえい》

停戦求《ていせんもと》める声に日本も動《うご》く

イスラエル軍《ぐん》の攻撃《こうげき》により、ガザ地区《ちく》では多数の民間《みんかん》人が亡《な》くなっている。国際《こくさい》社会からは停戦《ていせん》や休戦《きゅうせん》を求《もと》める声が高まっているが、イスラエルの攻撃《こうげき》が続《つづ》いている。写真《しゃしん》は11月、イスラエルとパレスチナを訪問《ほうもん》した上川陽子外務大臣《かみかわようこがいむだいじん》。人道目的《もくてき》の一時的《てき》な戦闘《せんとう》休止を訴《うった》えたほか、ハマスが連《つ》れ去《さ》った人質家族《ひとじちかぞく》とも面会《めんかい》した。パレスチナ自治区《じちく》では自治政府《じちせいふ》の外務大臣《がいむだいじん》と会談《かいだん》。追加的《ついかてき》な人道支援《しえん》を約束《やくそく》した＝テルアビブ

トルコ・シリア大地震《じしん》 死者《ししゃ》5万人以上《いじょう》に

2月、トルコ南部《なんぶ》とシリア北部《ほくぶ》でマグニチュード7.8と7.5の地震《じしん》が連続《れんぞく》して発生《はっせい》した。両国政府《りょうこくせいふ》や国際連合《こくさいれんごう》の発表《はっぴょう》では8月までに約《やく》5万7千人が亡《な》くなり、地震災害《じしんさいがい》としては過去《かこ》10年余《あま》りで世界最大《せかいさいだい》の被害《ひがい》となった。写真《しゃしん》は、倒壊《とうかい》した集合住宅《しゅうごうじゅうたく》のがれきの中から救出《きゅうしゅつ》された女の子＝2月、トルコ南部《なんぶ》ハタイ県《けん》ベレン

ドイツ 脱原発完了《だつげんぱつかんりょう》

ドイツで4月、最後《さいご》の原子力発電所《はつでんしょ》3基《き》が稼働《かどう》を停止《ていし》した。2011年の東京電力福島第一原発事故《ふくしまだいいちげんぱつじこ》を受《う》けて進《すす》めてきた「脱原発《だつげんぱつ》」が完了《かんりょう》し、60年以上《いじょう》に及《およ》ぶドイツの原発《げんぱつ》の歴史《れきし》が終《お》わりを迎《むか》えた。写真《しゃしん》は、「原発《げんぱつ》がついに終《お》わる」と書かれた横断幕《おうだんまく》を掲《かか》げて喜《よろこ》ぶ反原発団体《はんげんぱつだんたい》のメンバーら＝4月、ドイツ北西部《ほくせいぶ》リンゲン

報道写真《ほうどう》

2023年を振《ふ》り返《かえ》る

藤井聡太《ふじいそうた》名人・竜王《りゅうおう》
史上初《しじょうはつ》の八冠独占《かんどくせん》

将棋《しょうぎ》の藤井聡太《ふじいそうた》名人・竜王《りゅうおう》が10月、唯一残《ゆいいつのこ》っていた王座《おうざ》のタイトルを奪取《だっしゅ》し、史上初《しじょうはつ》の「八冠独《かんどく》占《せん》」を達成《たっせい》した。藤井《ふじい》八冠《かん》は2016年に史上最年少《しじょうさいねんしょう》の14歳《さい》2カ月でプロ入りして以来《いらい》、数々の最年《さいねん》少記録《しょうきろく》を打《う》ち立《た》ててきたが、ついに前人未到《ぜんじんみとう》の頂点《ちょうてん》を極《きわ》めた。名古屋《なごや》市

世界《せ》《かい》のできごと

ウクライナ侵攻《しんこう》長期化《ちょうきか》へ

2022年2月に始《はじ》まったロシアのウクライナ侵攻《しんこう》。アメリカやヨーロッパの支援《しえん》を受《う》けて、ウクライナは2023年6月、反転攻勢《はんてんこうせい》を始《はじ》めた。しかし、ロシアも防衛戦《ぼうえいせん》を築《きず》いており、想定《そうてい》通りには進《すす》んでいない。停戦《ていせん》のめども立たず、長期化《ちょうきか》の様相《ようそう》を示《しめ》している。上写真《しゃしん》：3月にウクライナを電撃訪問《でんげきほうもん》した岸田文雄首相《きしだふみおしゅしょう》。戦没者慰霊《せんぼつしゃいれい》の壁《かべ》へ献花《けんか》し、黙礼《もくれい》した＝内閣広報室《ないかくこうほう》提供《ていきょう》　下写真《しゃしん》：9月にアメリカを訪問《ほうもん》し、バイデン大統領夫妻《だいとうりょうふさい》（右）に出迎《でむか》えられたゼレンスキー大統領夫妻《だいとうりょうふさい》

インド
人口世界一《せかいいち》に

国際連合《こくさいれんごう》は4月末《まつ》、インドの人口が2023年半ばに約《やく》14億《おく》2577万人になり、中国を抜《ぬ》いて世界一《せかいいち》の人口になるとの推計《すいけい》を発表《はっぴょう》した。インドはいま、子どもと高齢者以外《こうれいしゃいがい》の生産年齢《せいさんねんれい》人口の割合《わりあい》が増《ふ》え、経済《けいざい》を押《お》し上《あ》げる「人口ボーナス」期《き》を迎《むか》えている。写真《しゃしん》は、「国際《こくさい》ヨガの日」にヨガをする人たち=2022年6月、デリー首都《しゅと》圏《けん》

中国、
鈍《にぶ》い景気回復《けいきかいふく》

中国の経済回復《けいざいかいふく》が足踏《あしぶ》みを続《つづ》けている。景気《けいき》を悪化《あっか》させたゼロコロナ政策《せいさく》は2023年1月に終《お》わったものの、回復《かいふく》の勢《いきお》いは力強さを欠《か》いている。特《とく》に、不動産関連《ふどうさんかんれん》は、過剰開発《かじょうかいはつ》により落《お》ち込《こ》みが拡大《かくだい》している。写真《しゃしん》は、遼寧省《りょうねいしょう》のマンション。夜でも明かりがついていない部屋《へや》が目立ち、住《す》んでいる人が少ないことから「鬼城《ヴェイチョン》（ゴーストタウン）」とも呼《よ》ばれる＝9月

政《せい》治《じ》・経《けい》済《ざい》のできごと

広島《ひろしま》でG7サミット

5月、広島《ひろしま》で主要《しゅよう》7カ国首脳会議《しゅのうかいぎ》（G7サミット）が開《ひら》かれた。被爆都市《ひばくとし》・ヒロシマに世界《せかい》の首脳《しゅのう》が集結《しゅうけつ》。G7首脳《しゅのう》として初《はじ》めて核軍縮《かくぐんしゅく》に関《かん》する独立《どくりつ》した文書「広島《ひろしま》ビジョン」を発表《はっぴょう》した。また、ロシアによるウクライナ侵攻《しんこう》を強く非難《ひなん》し、ウクライナ支援《しえん》の継続《けいぞく》で一致《いっち》した＝広島《ひろしま》市、代表撮影《だいひょうさつえい》

首相襲撃受《しゅしょうしゅうげきう》け 遊説《ゆうぜい》は厳重警備《げんじゅうけいび》

4月、衆議院《しゅうぎいん》の補欠選挙《ほけつせんきょ》の応援演説《おうえんえんぜつ》で和歌山《わかやま》市の漁港《ぎょこう》を訪《おとず》れた岸田文雄首相《きしだふみおしゅしょう》の近くに爆発物《ばつはつぶつ》が投《な》げ込《こ》まれる事件《じけん》が起《お》きた。2022年には安倍晋三元首相《あべしんぞうもとしゅしょう》が銃撃《じゅうげき》され死亡《しぼう》した事件《じけん》も起《お》きており、首相《しゅしょう》の遊説《ゆうぜい》会場は一変《いっぺん》。10月に行われた衆議院《しゅうぎいん》と参議院《さんぎいん》の補欠選挙《ほけつせんきょ》では、手荷物検査《てにもつけんさ》が行われるなど、厳重《げんじゅう》な警備態勢《けいびたいせい》が敷《し》かれる中で街頭演説《がいとうえんぜつ》が行われた＝徳島《とくしま》市

日銀総裁《にちぎんそうさい》に植田氏《うえだし》
戦後初《せんごはつ》の学者出身《がくしゃしゅっしん》

4月、新しい日本銀行総裁《にっぽんぎんこうそうさい》に経済学者《けいざいがくしゃ》で元日銀審議委員《にちぎんしんぎいいん》の植田和男氏《うえだかずおし》が就任《しゅうにん》した。日銀総裁《にちぎんそうさい》は、日銀《にちぎん》と財務省《ざいむしょう》(旧大蔵省《きゅうおおくらしょう》)の出身者《しゅっしんしゃ》がほとんどを占《し》めており、学者出身者《がくしゃしゅっしんしゃ》は戦後初《せんごはじ》めて。写真《しゃしん》は5月、新潟《にいがた》市で開《ひら》かれた主要《しゅよう》7カ国(G7)の財務大臣《ざいむだいじん》・中央銀行総裁会議《ちゅうおうぎんこうそうさいかいぎ》でアメリカのイエレン財務長官《ざいむちょうかん》(右)と言葉《ことば》を交わす植田総裁《うえだそうさい》

辺野古《へのこ》埋《う》め立《た》て
沖縄県《おきなわけん》の敗訴確定《はいそかくてい》

アメリカ軍普天間飛行場《ぐんふてんまひこうじょう》の移設《いせつ》計画で、防衛省《ぼうえいしょう》が申請《しんせい》した埋《う》め立《た》て地の軟弱地盤《なんじゃくじばん》の設計変更《せっけいへんこう》を承認《しょうにん》しない沖縄県《おきなわけん》に対《たい》し、最高裁判所《さいこうさいばんしょ》は9月、国の「是正指示《ぜせいしじ》」を認《みと》める判決《はんけつ》を下した。しかし、玉城《たまき》デニー沖縄県知事《おきなわけんちじ》(右)は、申請《しんせい》を承認《しょうにん》しないと表明《ひょうめい》、国は10月、県《けん》に代《か》わって国が承認《しょうにん》する代執行訴訟《だいしっこうそしょう》を起《お》こした＝那覇《なは》市

物価高騰《ぶっかこうとう》
賃《ちん》上《あ》げ追《お》いつかず

ロシアのウクライナ侵攻《しんこう》や円安《えんやす》の影響《えいきょう》で、物価《ぶっか》の高騰《こうとう》が続《つづ》く。2023年春闘《しゅんとう》では、賃上《ちんあ》げが30年ぶりの高《こう》水準《すいじゅん》となったが、物価高《ぶっかだか》には追《お》いつかず、庶民《しょみん》の生活は苦《くる》しくなるばかりだ。上写真《しゃしん》は2月、労働《ろうどう》組合の産業別組織《さんぎょうべつそしき》の集会《しゅうかい》。原材料《げんざいりょう》の値上《ねあ》がり分を価格《かかく》に転嫁《てんか》できず、中小企業《きぎょう》の経営《けいえい》が圧迫《あっぱく》されている現状《げんじょう》を訴《うった》えた。下はスーパーの食品《しょくひん》売り場を訪《おとず》れ、物価高《ぶっかだか》の現状《げんじょう》を視察《しさつ》する岸田文雄首相《きしだふみおしゅしょう》＝10月、東京都江東区《とうきょうとこうとうく》

進《すす》む
新紙幣《しへい》の準備《じゅんび》

6月、新紙幣《しへい》を印刷《いんさつ》する国立印刷局《いんさつきょく》東京工場で新1万円札《さつ》の製造工程《せいぞうこうてい》が公開《こうかい》された。新1万円札《さつ》の肖像《しょうぞう》は、「日本の資《し》本主義《ほんしゅぎ》の父」と呼《よ》ばれる渋沢栄一《しぶさわえいいち》になる。2024年7月から発行《はっこう》される予定《よてい》だ=東京都《とく》北区

輸送《ゆそう》力不足《ぶそく》のおそれ
物流《ぶつりゅう》2024年問題《もんだい》

2024年春から、トラックドライバーの長時間労働《ろうどう》が規制《きせい》され、輸送《ゆそう》力の減少《げんしょう》が深刻化《しんこくか》する「2024年問題《もんだい》」が心配《しんぱい》されている。輸送《ゆそう》力確保《かくほ》のため、大型《おおがた》トラック2台分の荷物《にもつ》を一度《いちど》に運《はこ》べる「ダブル連結《れんけつ》トラック」を導入《どうにゅう》する企業《きぎょう》も出ている＝8月、浜松《はままつ》市

社会のできごと

新型《しんがた》コロナ
「5類《るい》」に移行《いこう》

5月、新型《しんがた》コロナウイルス感染症《かんせんしょう》が、感染症法《かんせんしょうほう》上の「5類《るい》」に引き下げられた。毎年流行《りゅうこう》する季節性《きせつせい》インフルエンザなどと同じ位置《いち》づけで、感染対策《かんせんたいさく》は個人《こじん》の判断《はんだん》に委《ゆだ》ねられる。国民生活に大きな影響《えいきょう》を及《およ》ぼしたコロナ対応《たいおう》は「平時《へいじ》」への移行《いこう》に向《む》け節目《ふしめ》を迎《むか》えた。写真《しゃしん》は5類移行《るいいこう》に伴《ともな》い、業務《ぎょうむ》を終了《しゅうりょう》した大分市の抗原検査《こうげんけんさ》センター

相撲列車《すもうれっしゃ》が復活《ふっかつ》

7月に開催《かいさい》された大相撲名古屋場所《おおずもうなごやばしょ》を前に、力士約《りきしやく》200人が6月、新幹線《しんかんせん》で名古屋《なごや》入りした。「相撲列車《すもうれっしゃ》」と呼《よ》ばれる地方場所《ばしょ》の風物詩《ふうぶつし》が久々《ひさびさ》に行われた。コロナ禍《か》で集団移動《しゅうだんいどう》が自粛《じしゅく》されたため、2020年春場所《はるばしょ》の大阪《おおさか》入り以来《いらい》の復活《ふっかつ》となった＝JR名古屋駅《なごやえき》、代表撮影《だいひょうさつえい》

インバウンド回復《かいふく》

日本を訪《おとず》れる外国人（インバウンド）が急回復《きゅうかいふく》している。2023年1～9月に日本を訪《おとず》れた外国人の推計《すいけい》は1737万4300人で、新型《しんがた》コロナ感染拡大《かんせんかくだい》前の2019年と比《くら》べて7割超《わりちょう》まで回復《かいふく》した。富士山《ふじさん》と五重塔《ごじゅうのとう》を背景《はいけい》に撮影《さつえい》できる新倉山浅間《あらくらやません》公園《げん》には、多くの外国人が訪《おとず》れていた＝2月、山梨県富士吉田市《やまなしけんふじよしだ》

観光公害《かんこうこうがい》が問題化《もんだいか》

インバウンド回復《かいふく》の一方で、過剰《かじょう》な混雑《こんざつ》やごみ捨《す》てのマナー違反《いはん》などの「オーバーツーリズム」（観《かん》光公害《こうこうがい》）が、各地《かくち》の観光《かんこう》地で深刻化《しんこくか》している。人気アニメ「スラムダンク」に登場《とうじょう》した神奈川県鎌倉《かながわけんかまくら》市

史上《しじょう》「最《もっと》も暑《あつ》い夏」

気象庁《きしょうちょう》は9月、2023年6～8月の平均《へいきん》気温《きおん》が観測《かんそく》史上《しじょう》最《もっと》も高くなり、「最《もっと》も暑《あつ》い夏」だったと発表《はっぴょう》した。地《ち》球温暖化《きゅうおんだんか》に加《くわ》え、太平洋高気圧《たいへいようこうきあつ》の勢力《せいりょく》が強かったことなど、気温《きおん》を上げる多数の現象《げんしょう》が6～8月に切れ間なく続《つづ》き、記録的《きろくてき》な暑《あつ》さになったという=7月、大阪《おおさか》市

原発処理《げんぱつしょり》水
海への放出開始《ほうしゅつかいし》

東京電力は8月、福島第一原発《ふくしまだいいちげんぱつ》の処理《しょり》水の海への放出《ほうしゅつ》を始《はじ》めた。増《ふ》え続《つづ》ける汚染《おせん》水対策《たいさく》の一環《いっかん》で、今後少なくとも約《やく》30年は放出《ほうしゅつ》が続《つづ》く=福島県双葉《ふくしまけんふたば》町、大熊《おおくま》町

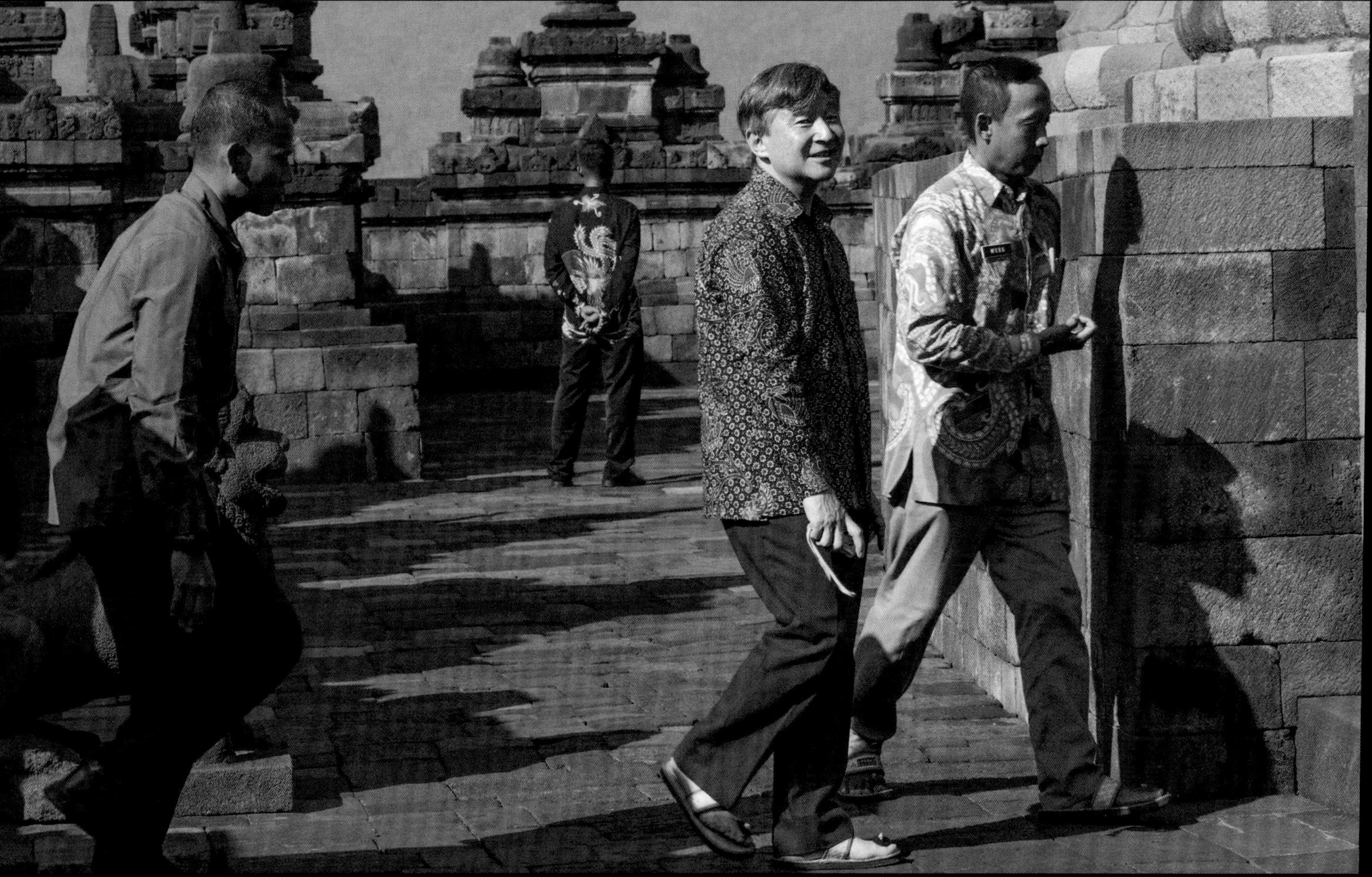

天皇陛下《てんのうへいか》
令和初《れいわはつ》の親善訪問《しんぜんほうもん》

天皇《てんのう》、皇后両陛下《こうごうりょうへいか》が6月、インドネシアを公式訪問《こうしきほうもん》した。国際親善《こくさいしんぜん》のための外国訪問《ほうもん》は代替《だいが》わり後初《はじ》めて。天皇陛下《てんのうへいか》はインドネシアの伝統的《でんとうてき》な布《ぬの》「バティック」のシャツに、遺跡《いせき》を傷《きず》つけないための専用《せんよう》のサンダル姿《すがた》で、世界遺産《せかいいさん》に登録《とうろく》されているジャワ島中部《とうちゅうぶ》の仏教遺跡《ぶっきょういせき》・ボロブドゥール寺院《じいん》を訪《おとず》れた

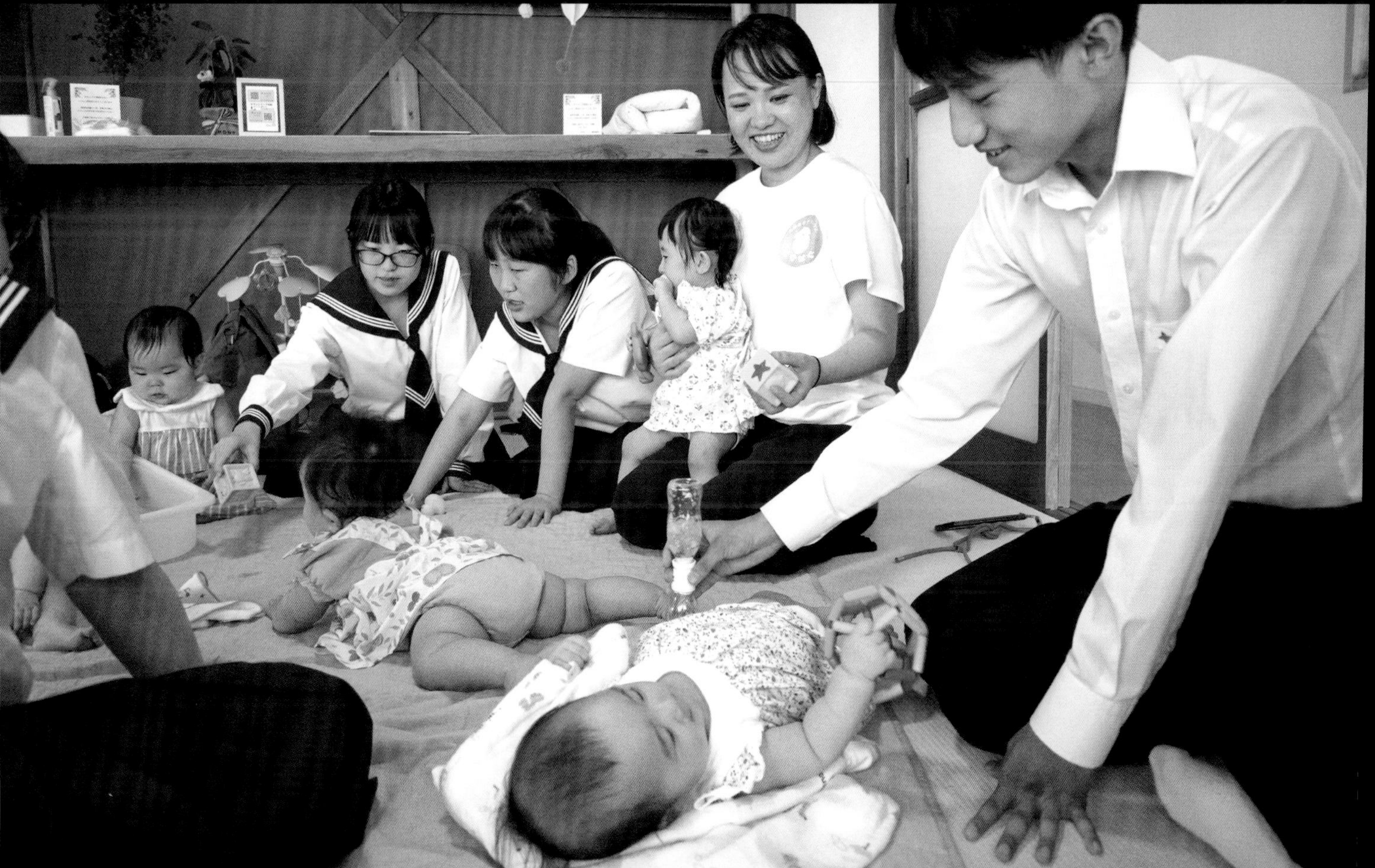

出生数
80万人割《わ》れ

2022年に生まれた日本人の子どもは、過去最少《かこさいしょう》の77万747人だった。初《はじ》めて80万人台を割《わ》り、少子化《しょうしか》の加速《かそく》が止まらない状況《じょうきょう》だ。写真《しゃしん》は、少子化《しょうしか》への向《む》き合《あ》い方を学ぶため、子育《こそだ》て支援《しえん》をする施設《しせつ》を訪《おとず》れた高校生たち＝8月、鳥取県《とっとりけん》米子市

文化《ぶんか》・科学《かがく》のできごと

仲邑菫《なかむらすみれ》
最年少《さいねんしょう》タイトル獲得《かくとく》

2月、囲碁《いご》の仲邑菫《なかむらすみれ》三段《だん》が女流棋聖《じょりゅうきせい》のタイトルを獲得《かくとく》した。13歳《さい》11カ月でのタイトル獲得《かくとく》は、男女を合わせて史上最年少《しじょうさいねんしょう》。仲邑女流棋聖《なかむらじょりゅうきせい》はさらなる棋力向上《きりょくこうじょう》を求《もと》めて、2024年3月に囲碁《いご》強国の韓国棋院《かんこくきいん》へ移籍《いせき》する＝東京都千代田区《とちよだく》

芥川賞《あくたがわしょう》に
市川沙央《いちかわさおう》さん

7月、第《だい》169回芥川賞《あくたがわしょう》に市川沙央《いちかわさおう》(右)さんの「ハンチバック」が選《えら》ばれた。市川《いちかわ》さんは、全身《ぜんしん》の筋力《きんりょく》が低下《ていか》する難病《なんびょう》「先天性《せい》ミオパチー」を患《わずら》う重度障害者《じゅうどしょうがいしゃ》。作品《さくひん》の主人公《しゅじんこう》も、人工呼吸器《こきゅうき》を付《つ》けた重度障害者《じゅうどしょうがいしゃ》の女性《じょせい》で、障害《しょうがい》とともに生きる困難《こんなん》と健常者《けんじょうしゃ》への憤《いきどお》りを、皮肉《ひにく》とユーモアを交えて描《えが》いた＝東京都千代田区《とちよだく》

さよなら
シャンシャン

上野動物園《うえのどうぶつえん》で生まれ育《そだ》ったジャイアントパンダのシャンシャン（メス5歳《さい》・当時）が2月、中国に返還《へんかん》された。観覧最終《かんらんさいしゅう》日には多くのファンが訪《おとず》れ、別《わか》れを惜《お》しんだ。シャンシャンは、2歳《さい》をめどに中国へ返還《へんかん》される予定《よてい》だったが、コロナ禍《か》での国際《こくさい》間の移動《いどう》が難《むずか》しく、5度延期《どえんき》されていた＝東京都《と》台東区《く》

大阪《おおさか》・関西万博《かんさいばんぱく》
準備《じゅんび》で混乱《こんらん》も

2025年に大阪《おおさか》市で開《ひら》かれる国際博覧会《こくさいはくらん》（万博《ばんぱく》）まで2年を切った。9月には大阪《おおさか》市内にオフィシャルショップがオープンし、公式《こうしき》キャラクターのミャクミャクが「一日店長」を務《つと》めた。左は吉村洋文大阪府《よしむらひろふみおおさかふ》知事《ちじ》。ただ、準備《じゅんび》では混乱《こんらん》が起《お》きている。会場建設費《けんせつひ》は、当初想定《とうしょそうてい》の約《やく》1.9倍《ばい》の最大《さいだい》2350億《おく》円になる

H3ロケット打《う》ち上《あ》げ失敗《しっぱい》

3月、次世代《じせだい》の基幹《きかん》ロケット「H3」初号機《しょごうき》の打《う》ち上《あ》げに失敗《しっぱい》した。第《だい》2段《だん》エンジンの着火《ちゃっか》が確認《かくにん》できず、破壊《はかい》したという。H3は、現在《げんざい》の主力《しゅりょく》ロケット「H2A」の後継機《こうけいき》。主《しゅ》エンジンなどの開発《かいはつ》が難航《なんこう》し、当初《とうしょ》の予定《よてい》から2年遅《おく》れた末《すえ》の失敗《しっぱい》で、今後の宇宙政策《うちゅうせいさく》の日程《にってい》にも影響《えいきょう》が及《およ》びそうだ＝鹿児島県《かごしまけん》の種子島宇宙《たねがしまうちゅう》センター

宇宙飛行士候補《うちゅうひこうしこうほ》に
米田《よねだ》さんと諏訪《すわ》さん

2月、宇宙航空研究開発機構《うちゅうこうくうけんきゅうかいはつきこう》（JAXA《ジャクサ》）の新たな宇宙飛行士候補《うちゅうひこうしこうほ》に、世界銀行勤務《せかいぎんこうきんむ》の諏訪理《すわまこと》さん（右）と、外科医《げかい》の米田《よねだ》あゆさん（左）の2人が選《えら》ばれた。東京都内《とない》で会見した米田《よねだ》さんは、勤務《きんむ》先のアメリカからオンラインで参加《さんか》した諏訪《すわ》さんと画面越《がめんご》しに握手《あくしゅ》した。アメリカが主導《しゅどう》する有人《ゆうじん》月探査《たんさ》「アルテミス計画」で、日本人初《はつ》の月面着陸《げつめんちゃくりく》を果《は》たす宇宙飛行士《うちゅうひこうし》になるかもしれない＝東京都千代田区《とちよだく》

量子《りょうし》コンピューター完成《かんせい》

3月、理化学研究所《りかがくけんきゅうしょ》などが開発《かいはつ》した国産初《こくさんはつ》の「量子《りょうし》コンピューター」が完成《かんせい》した。量子《りょうし》コンピューターは一度《いちど》に大量《たいりょう》の計算ができるため、スーパーコンピューターでも何万年、何億《おく》年かけても解《と》けない問題《もんだい》が簡単《かんたん》に解《と》ける可能性《かのうせい》がある＝埼玉県和光《さいたまけんわこう》市

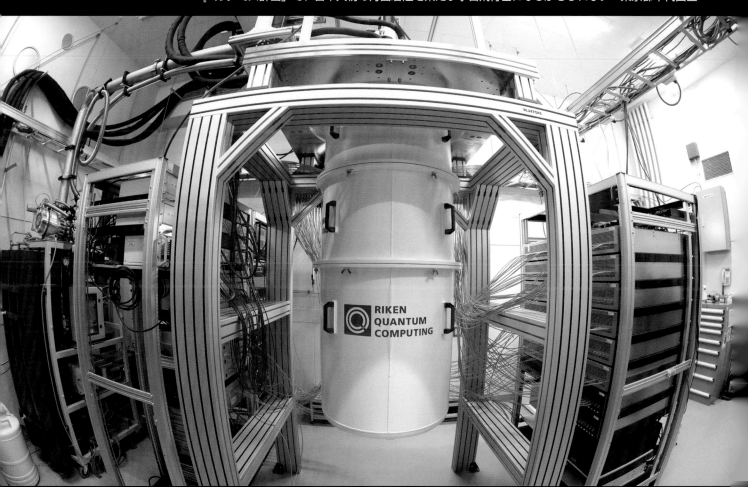

スポーツのできごと

USA
USA
WORLD
BASEBALL CLASSIC 2023
Mobile
WORLD BASEBALL
JAPAN
11
JAPAN
12
JAPAN
33
3
OKAMOTO
25

侍《さむらい》ジャパン
3度目《どめ》の世界一《せかいいち》

3月に行われた野球《やきゅう》の国・地域別対抗戦《ちいきべつたいこうせん》「第《だい》5回ワールド・ベースボール・クラシック」(WBC)で、日本代表《だいひょう》「侍《さむらい》ジャパン」が2006年の第《だい》1回、2009年の第《だい》2回大会を連覇《れんぱ》して以来《いらい》となる3度目《どめ》の優勝《ゆうしょう》を果《は》たした。投打《とうだ》の「二刀流《にとうりゅう》」で活躍《かつやく》した大谷翔平選手《おおたにしょうへいせんしゅ》が大会最優秀選手《さいゆうしゅうせんしゅ》(MVP)に選《えら》ばれた=アメリカ・マイアミ

バスケ男子
パリ五輪《ごりん》出場決定《けってい》

9月、バスケットボール男子《だんし》のワールドカップ（W杯）で日本は劇的《げきてき》な勝利《しょうり》を重《かさ》ね、2024年に開《ひら》かれるオリンピック（五輪《ごりん》）パリ大会の出場を決《き》めた。前回2021年の東京五輪《ごりん》では開催《かいさい》国枠《わく》での出場だったため、自力での出場は48年ぶりとなる。写真《しゃしん》は、フィンランド戦《せん》でシュートを決《き》める河村勇輝《かわむらゆうき》選手《せんしゅ》＝8月、沖縄県沖縄《おきなわけんおきなわ》市

ラグビー日本代表《だいひょう》
8強逃《のが》す

ラグビーの第《だい》10回W杯《ワールドカップ》フランス大会で、日本は1次《じ》リーグで3位《い》となり、2019年日本大会に続《つづ》く2大会連続《れんぞく》の決勝《けっしょう》トーナメント進出《しんしゅつ》はならなかった＝9月、フランス・ニース。パオロ・ヌッチ撮影《さつえい》

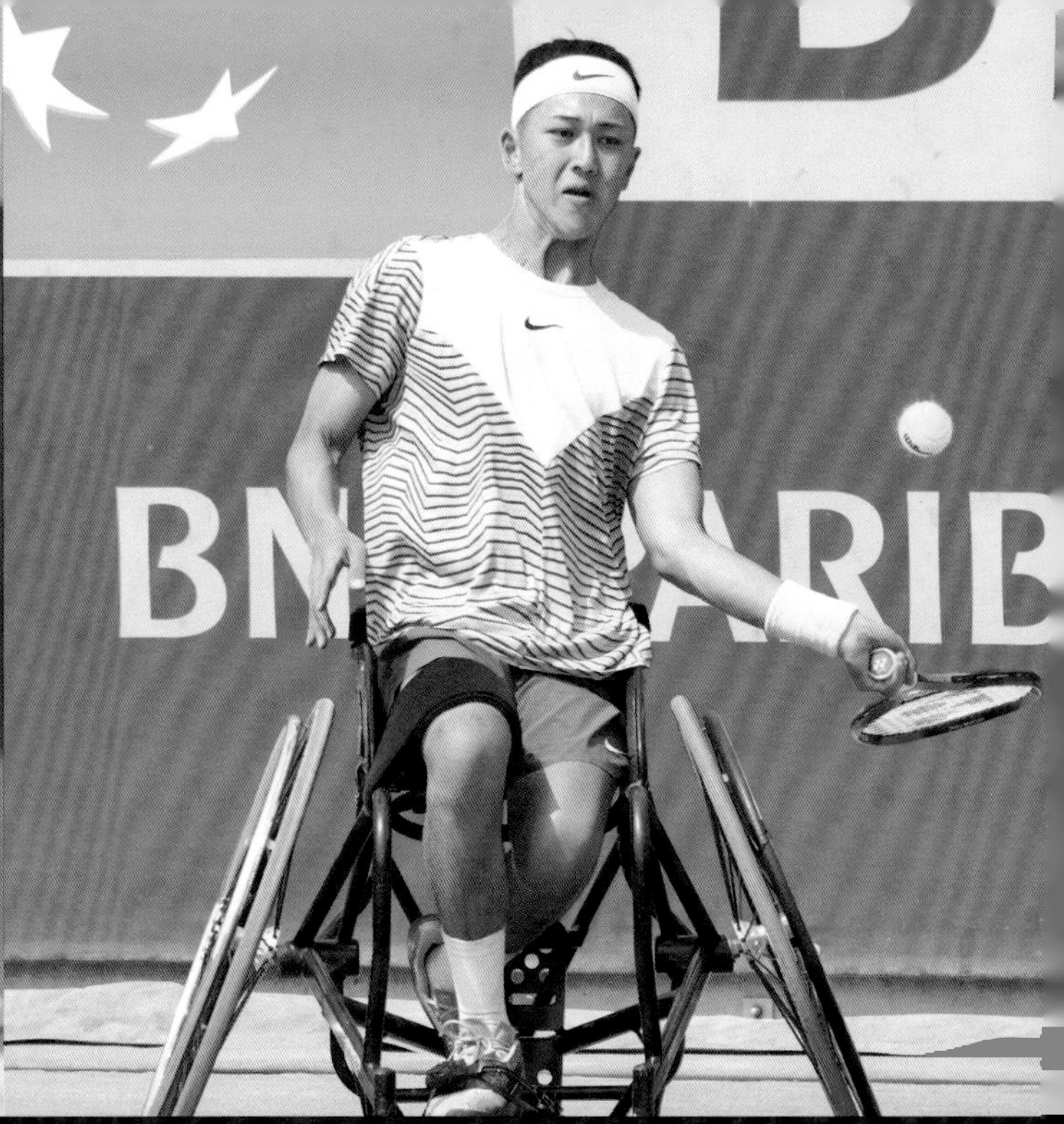

パラテニス・国枝慎吾《くにえだしんご》さん
国民栄誉賞受賞《こくみんえいよしょうじゅしょう》

車いすテニス男子の国枝慎吾《くにえだしんご》さんが１月、引退《いんたい》を表明《ひょうめい》した。国枝《くにえだ》さんは2022年、４大大会のすべてとパラリンピックを制《せい》する「生涯《しょうがい》ゴールデンスラム」を達成《たっせい》。３月、パラスポーツ選手《せんしゅ》では初《はつ》となる国民栄誉賞《こくみんえいよしょう》を受賞《じゅしょう》した＝２月、東京都江東区《とこうとうく》

パラテニス・小田凱人選手《おだときとせんしゅ》
４大大会最年少優勝《さいねんしょうゆうしょう》

６月、テニスの全仏《ぜんふつ》オープン車いす部門《ぶもん》で、小田凱人選手《おだときとせんしゅ》が４大大会初優勝《はつゆうしょう》を飾《かざ》った。17歳《さい》での優勝《ゆうしょう》は、４大大会の最年少《さいねんしょう》優勝記録《ゆうしょうきろく》。７月にはウィンブルドン選手権《せんしゅけん》でも初優勝《はつゆうしょう》を果《は》たし、４大大会２連勝《れんしょう》とした＝６月、パリ

北口榛花選手《きたぐちはるかせんしゅ》、世界陸上《せかいりくじょう》
やり投《な》げで「金」

８月、ハンガリーで開《ひら》かれた陸上《りくじょう》の世界選手権《せかいせんしゅけん》の女子やり投《な》げで、北口榛花選手《きたぐちはるかせんしゅ》が金メダルを獲得《かくとく》した。オリンピック、世界選手権《せかいせんしゅけん》を通じてトラック・フィールド種目《しゅもく》の日本女子選手《せんしゅ》の優勝《ゆうしょう》は史上初《しじょうはつ》。北口選手《きたぐちせんしゅ》はパリオリンピックの出場も決《き》めた

記者の視《キシャノシテン》

沈《しず》む日本経済《けいざい》　円安《えんやす》に注目《ちゅうもく》

文房具《ぶんぼうぐ》やおやつの値段《ねだん》が上がるなど、生活の身近《みぢか》なところで物価高《ぶっかだか》を実感《じっかん》させられる。主《おも》に経済《けいざい》の側面《そくめん》から2023年を振《ふ》り返《かえ》ってみよう。

（ジャーナリスト、元朝日新聞記者《きしゃ》・一色清《いっしききよし》）

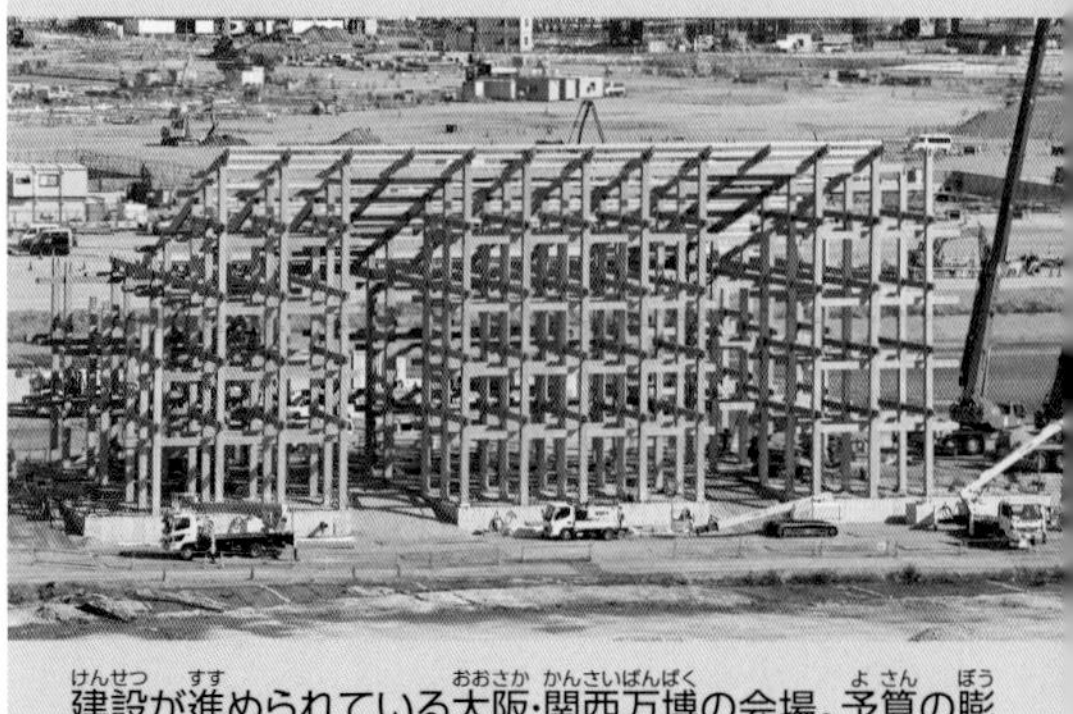

建設《けんせつ》が進《すす》められている大阪《おおさか》・関西万博《かんさいばんぱく》の会場。予算《よさん》の膨張《ぼうちょう》や建設《けんせつ》の遅《おく》れなど課題《かだい》を抱《かか》えている＝2023年10月、大阪《おおさか》市此花《このはな》区《く》夢洲《ゆめしま》

2023年には、いくつかうれしいニュースがあった。3月には、ワールド・ベースボール・クラシック（WBC）で日本がアメリカを破《やぶ》って優勝《ゆうしょう》し、日本中が沸《わ》いた。春闘《しゅんとう》では久《ひさ》しぶりに大《おお》幅《はば》な賃《ちん》上《あ》げが実現《じつげん》した。5月には世界《せかい》保《ほ》健《けん》機《き》関《こう》（WHO）が新型《しんがた》コロナウイルス感染症《かんせんしょう》による緊急事態宣言《きんきゅうじたいせんげん》を解除《かいじょ》し、日本も世界《せかい》もコロナ禍《か》から抜《ぬ》け出《だ》せた。さまざまなイベントが復活《ふっかつ》したり、声を出しての応援《おうえん》が再開《さいかい》したりして、3年ぶりに日常《にちじょう》生活が戻《もど》ってきた。来日する外国人観光客《かんこうきゃく》も日を追《お》って増《ふ》えていった。

一方、うれしくないニュースも少なくなかった。三菱重工業《みつびしじゅうこうぎょう》は国産《こくさん》初《はつ》のジェット旅客機《りょかくき》の開発《かいはつ》を断念《だんねん》した。2022年に生まれた赤ちゃんの数は77万人余《よ》だと厚生労働省《こうせいろうどうしょう》が発表《はっぴょう》した。これは統計《とうけい》をとりはじめて最少《さいしょう》で、80万人を割《わ》ったのは初《はじ》めてだ。2025年に開催予定《かいさいよてい》の大阪《おおさか》・関西万《かんさいばん》博《ぱく》は、予算《よさん》が膨張《ぼうちょう》したりパビリオンの建設《けんせつ》が遅《おく》れていたりして、開催《かいさい》に暗雲《あんうん》が立《た》ち込《こ》めている。

世界《せかい》では、2022年2月に始《はじ》まったロシアとウクライナの戦闘《せんとう》が続《つづ》くなか、イスラエルとパレスチナでも激《はげ》しい戦闘《せんとう》が始《はじ》まった。国際《こくさい》社会の緊張《きんちょう》は一段《いちだん》と増《ま》している。

こうしたニュースが報道《ほうどう》されるなかで、地味《じみ》だが注目《ちゅうもく》しておかないといけないとわたしが思うニュースは円安《えんやす》についてだ。2023年始《はじ》めには1ドル132円台だったが、11月には150円台まで安《やす》くなった。

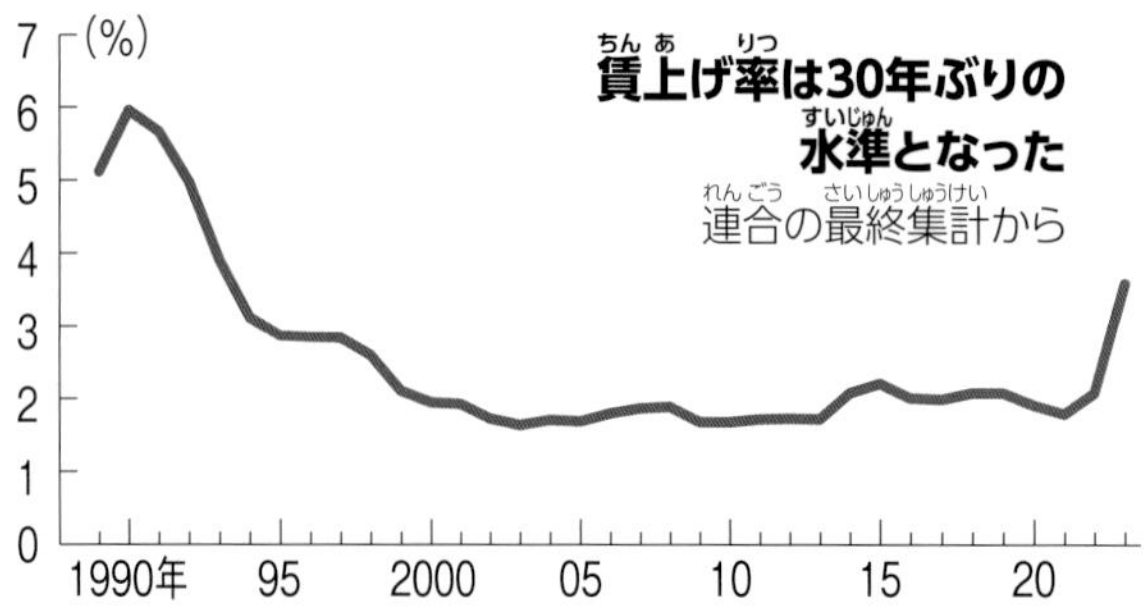

〈2023年7月6日掲載《けいさい》〉

円の価値《かち》は半分に

円安《えんやす》になると、わたしたちの暮《く》らしにいろいろな影響《えいきょう》が出る。まずは物価《ぶっか》が上がることだ。1ドルのモノが年初《ねんしょ》には132円で輸《ゆ》入《にゅう》できたのに、

春闘《しゅんとう》での賃《ちん》上《あ》げ実現《じつげん》に向《む》けてガンバローコールをする連合《れんごう》の芳野友子《よしのともこ》会長《かいちょう》＝2023年3月、東京都千代田区《ちよだく》

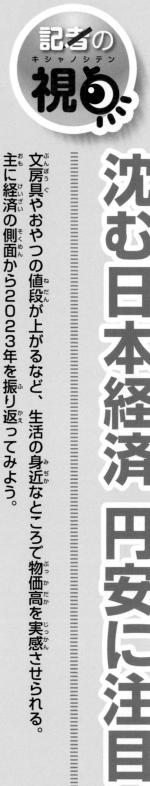

値上《ねあ》がりした主《おも》な項目《こうもく》

前年同月比《ひ》。5月の消費者物価指数《しょうひしゃぶっかしすう》から

牛乳《ぎゅうにゅう》や卵《たまご》など	17.5%
家事《かじ》用消耗品《しょうもうひん》	12.8
菓子類《かしるい》	11.3
調理食品《ちょうりしょくひん》	9.4
家庭《かてい》用耐久財《たいきゅうざい》	9.0

〈2023年6月27日掲載《けいさい》〉

１５０円になるのだから輸入品《ゆにゅうひん》の値段《ねだん》は上がる。日本は石油《せきゆ》などのエネルギー源《げん》や食料《しょくりょう》などの多くを輸入《ゆにゅう》に頼《たよ》っているため、輸入価格《ゆにゅうかかく》の上昇《じょうしょう》は多くのモノの値段《ねだん》に影響《えいきょう》を与《あた》える。

２０２３年は前年同月比《ひ》３％前後の消費者物価上昇率《しょうひしゃぶっかじょうしょうりつ》が続《つづ》いた。春闘《しゅんとう》で大《おお》幅《はば》な賃上《ちんあ》げが実現《じつげん》したのだが、平均《へいきん》すると物価《ぶっか》の上がり方のほうが大きく、生活は苦《くる》しくなる。

円安《えんやす》の主《おも》な原因《げんいん》は、日本とアメリカの金利差《きんりさ》が広がっているためだ。アメリカは物価上昇《ぶっかじょうしょう》を抑《おさ》えるために金利《きんり》を上げている。２０２３年には４度《ど》の利《り》上《あ》げをおこない政策金利《せいさくきんり》は５・25～５・５％にまで上がった。日本の政策金利《せいさくきんり》はマイナス０・１％のまま据《す》え置《お》かれている。お金は金利《きんり》の低《ひく》いほうから高いほうに流《なが》れる。金利《きんり》が高い通貨《つうか》で運用《うんよう》するほうが得《とく》になるためだ。そのため、円《えん》を売ってドルを買う動《うご》きが続《つづ》き、円《えん》安《やす》が進《すす》んだ。

１５０円台というのは、１９９０年ごろの水準《すいじゅん》になる。その後は円高の方《ほう》向《こう》に動《うご》き、２０１１年には７５円台を記録《きろく》したことがある。その最高値《さいたかね》と比《くら》べれば、今の円の価値《かち》は半分といえる。

円安《えんやす》には、輸出企業《ゆしゅつきぎょう》がもうかるとか外国人観光客《かんこうきゃく》がたくさん来て観光関係《かんこうかんけい》の業界《ぎょうかい》がもうかるといったいい面《めん》もある。一方で、物価《ぶっか》が上がることのほか、日本人が海外に出ていかなくなることや外国人労働者《ろうどうしゃ》が日本を選《えら》んでくれなくなるといったよくない面《めん》がある。

また、日本の経済《けいざい》力が世界《せかい》の中で小さくみえることにもなる。国の経済《けいざい》力は一般的《いっぱんてき》に名目国内総生産《そうせいさん》（ＧＤＰ）の大きさではかられ、国際的《こくさいてき》にはドルに換算《かんさん》した数値《すうち》で比《くら》べられる。国際通貨基金《こくさいつうかききん》（ＩＭＦ）は、２０２３年にはドイツのＧＤＰが日本を抜《ぬ》くと予測《よそく》した。日本のＧＤＰは円安《えんやす》のためにドルに換算《かんさん》すると減《へ》る。その影響《えいきょう》が大きい。

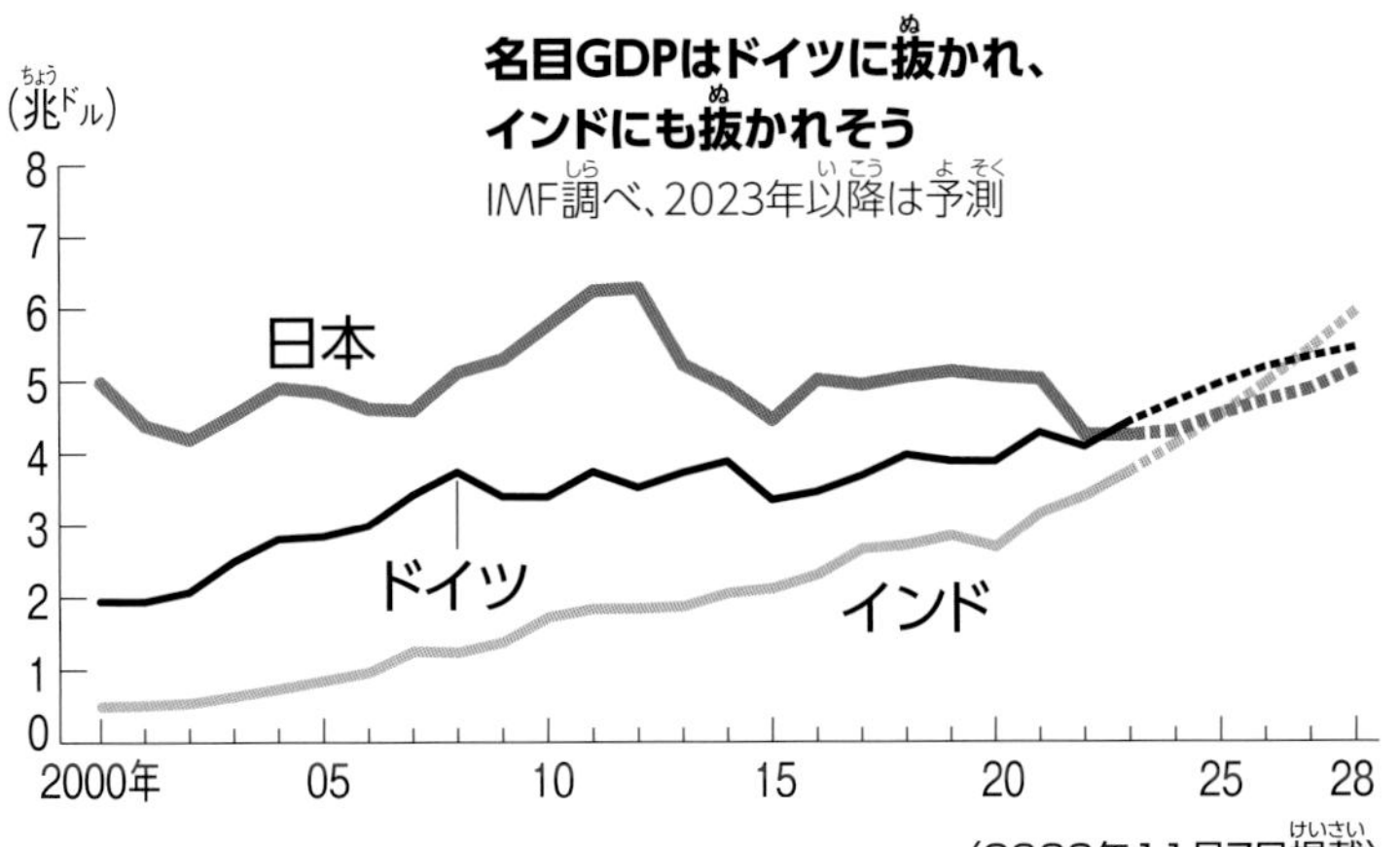

〈2023年11月7日掲載《けいさい》〉

悪《わる》い円安《えんやす》で転落《てんらく》する日本

日本はかつて世界第《せかいだい》２位《い》の経済《けいざい》大国を誇《ほこ》っていたが、２０１０年に中国に抜《ぬ》かれ、２０２３年にはドイツに抜《ぬ》かれて４位《い》に下がる。そして、すぐ後ろにはインドが迫《せま》っていて、ＩＭＦは２０２６年には日本を抜《ぬ》くと予測《よそく》している。日本はあれよあれよという間に５位《い》に転落《てんらく》してしまいそうだ。世界《せかい》は日本を軽《かる》くみることになり、日本人は自信《じしん》を失《うしな》うだろう。

こうしたことまで考えると、今の水《すい》準《じゅん》の円安《えんやす》は悪《わる》い円安《えんやす》と感《かん》じる。ならば、日本も金利《きんり》を上げればいいと思うが、それは簡単《かんたん》ではない。

超低金利《ちょうていきんり》に支《ささ》えられて生《い》き延《の》びている企業《きぎょう》と１千兆《ちょう》円を超《こ》える莫大《ばくだい》な借金《しゃっきん》を抱《かか》える国が困《こま》るからだ。会計検査院《かいけいけんさいん》の調《しら》べでは、コロナ禍《か》で中小企業《きぎょう》向《む》けに政府系金融機関《せいふけいきんゆうきかん》がおこなった無利子《むりし》無担保《むたんぼ》の「ゼロゼロ融資《ゆうし》」のうち約《やく》１兆《ちょう》円が回収不能《かいしゅうふのう》または回収困難《かいしゅうこんなん》になっている。これは、ぎりぎりの状態《じょうたい》で経営《けいえい》している中小企業《きぎょう》がいかに多いかを示《しめ》している。金利《きんり》を上げると耐《た》えられない企業《きぎょう》が増《ふ》えるだろう。

国も利上《りあ》げは困《こま》る。たとえば、金利《きんり》が１％上がると、計算上は国の年間の利払《りばら》い費《ひ》が10兆《ちょう》円も増《ふ》えることになる。消費税《しょうひぜい》を１％上げると税収《ぜいしゅう》が２兆《ちょう》円増《ふ》えるとされており、10兆《ちょう》円は消費税《しょうひぜい》５％分に相当《そうとう》する。消費税《しょうひぜい》をいまより５％上げるわけにはいかず、予算編成《よさんへんせい》はますますむずかしくなる。

こうみると、今の円安《えんやす》は、日本の経《けい》済《ざい》力や財政《ざいせい》力、つまり国力の低下《ていか》を反《はん》映《えい》しているといえる。再《ふたた》び日本を元気にするためのリーダーシップを岸田文《きしだふみ》雄《お》政権《せいけん》に期待《きたい》したいが、その支持率《しじりつ》は下がり続《つづ》けている。

数字で読《よ》み解《と》く2023年

2023年に周年《しゅうねん》を迎《むか》えたできごとや話題《わだい》になったできごとを数字に注目《ちゅうもく》して振《ふ》り返《かえ》ってみよう。

大谷翔平選手《おおたにしょうへいせんしゅ》 二《に》刀流《とうりゅう》で2度目《どめ》のMVPに

2023年のシーズン、大リーグ・エンゼルスでプレーした大谷翔平選手《おおたにしょうへいせんしゅ》は、11月16日に大リーグのアメリカン・リーグ最優秀選手《さいゆうしゅうせんしゅ》（MVP）に選《えら》ばれた。2年ぶり2度目《どめ》の受賞《じゅしょう》で、前回に続《つづ》き、全米野球記《ぜんべいやきゅうき》者協会《しゃきょうかい》の記者《きしゃ》30人全員《ぜんいん》から1位票《いひょう》を得《え》る満票《まんぴょう》となった。2度目《どめ》の満票選出《まんぴょうせんしゅつ》は史上初《しじょうはつ》の快挙《かいきょ》で、日本選《せん》手《しゅ》として2度目《どめ》の受賞《じゅしょう》も初《はじ》めて。

投打《とうだ》「二刀流《にとうりゅう》」で活躍《かつやく》する大谷選手《おおたにせんしゅ》は今季《こんき》、44本塁打《ほんるいだ》で日本選手初《せんしゅはつ》の本塁打《ほんるいだ》王に輝《かがや》き、投《な》げては10勝《しょう》（5敗《はい》）を挙《あ》げ、史上初《しじょうはつ》めて2年連続《れんぞく》の「1シーズンでの2桁本塁打《けたほんるいだ》、2桁勝利《けたしょうり》」を達成《たっせい》した。

投打《とうだ》「二刀流《にとうりゅう》」の活躍《かつやく》で2度目《どめ》のMVPに輝《かがや》いた大谷翔平選手《おおたにしょうへいせんしゅ》＝2023年4月、アメリカ・カリフォルニア州《しゅう》

内閣支持率《ないかくしじりつ》25%、過去《かこ》11年で最低《さいてい》

朝日新聞社が11月に実施《じっし》した全国世論調《ぜんこくよろんちょう》査《さ》（電話）で、岸田文雄《きしだふみお》内閣《ないかく》の支持率《しじりつ》は25%、不支持率《ふしじりつ》は65%という結果《けっか》が出た。自民党《じみんとう》が2012年12月に政権《せいけん》に復帰《ふっき》して以降《いこう》の11年間で、支持率《しじりつ》は最低《さいてい》を記録《きろく》。不支持率《ふしじりつ》も、最《さい》高《こう》だった前回10月を更《こう》新《しん》した。

岸田政権《きしだせいけん》は「不支持率《ふしじりつ》」が高い傾向《けいこう》だ

「不支持《ふしじ》」が50%台以上《いじょう》になった回数

朝日新聞の世論調査《よろんちょうさ》

	第2次安倍晋三政権《だいじあべしんぞうせいけん》	菅義偉政権《すがよしひでせいけん》	岸田文雄政権《きしだふみおせいけん》
期間	2012年12月～20年9月	20年9月～21年10月	21年10月～
回数	4回	2回	11回

調査時期《ちょうさじき》と主《おも》な理由《りゆう》	
2018年4月	加計学園《かけがくえん》の獣医学部新《じゅういがくぶしん》設《せつ》を巡《めぐ》る問題《もんだい》
20年5～7月	新型《しんがた》コロナ対応《たいおう》
21年8、9月	新型《しんがた》コロナ対応《たいおう》
22年10月～23年3月	旧統一教会《きゅうとういつきょうかい》との関《かか》わりなどで閣僚《かくりょう》や秘書《ひしょ》官《かん》が相次《あいつ》いで辞職《じしょく》
7～11月	マイナンバー制度《せいど》を巡《めぐ》るトラブル

〈2023年10月4日掲載図表《けいさいずひょう》を改訂《かいてい》〉

岸田文雄首相《きしだふみおしゅしょう》は2023年3月、ロシアによる侵攻《しんこう》が続《つづ》くウクライナの首《しゅ》都《と》キーウを訪問《ほうもん》し、ゼレンスキー大統領《だいとうりょう》と初《はじ》めて対面《たいめん》で会談《かいだん》した。日本の現職首相《げんしょくしゅしょう》が、戦闘《せんとう》が行われている国を訪問《ほうもん》するのは極《きわ》めて異例《いれい》。外交で政《せい》権《けん》の浮揚《ふよう》をねらったが、効果《こうか》は一時的《てき》で、増税問題《ぞうぜいもんだい》や閣僚《かくりょう》の辞任《じにん》ドミノに悩《なや》まされている

藤井聡太《ふじいそうた》名人・竜王《りゅうおう》、初《はつ》の八冠《かん》独占《どくせん》

将棋《しょうぎ》の藤井聡太《ふじいそうた》名人・竜王《りゅうおう》が史上初《しじょうはつ》の「八冠独占《かんどくせん》」を達成《たっせい》した。七つのタイトルを保持《ほじ》する藤井《ふじい》名人が、唯一残《ゆいいつのこ》っていた王座《おうざ》のタイトルを10月に奪取《だっしゅ》した。

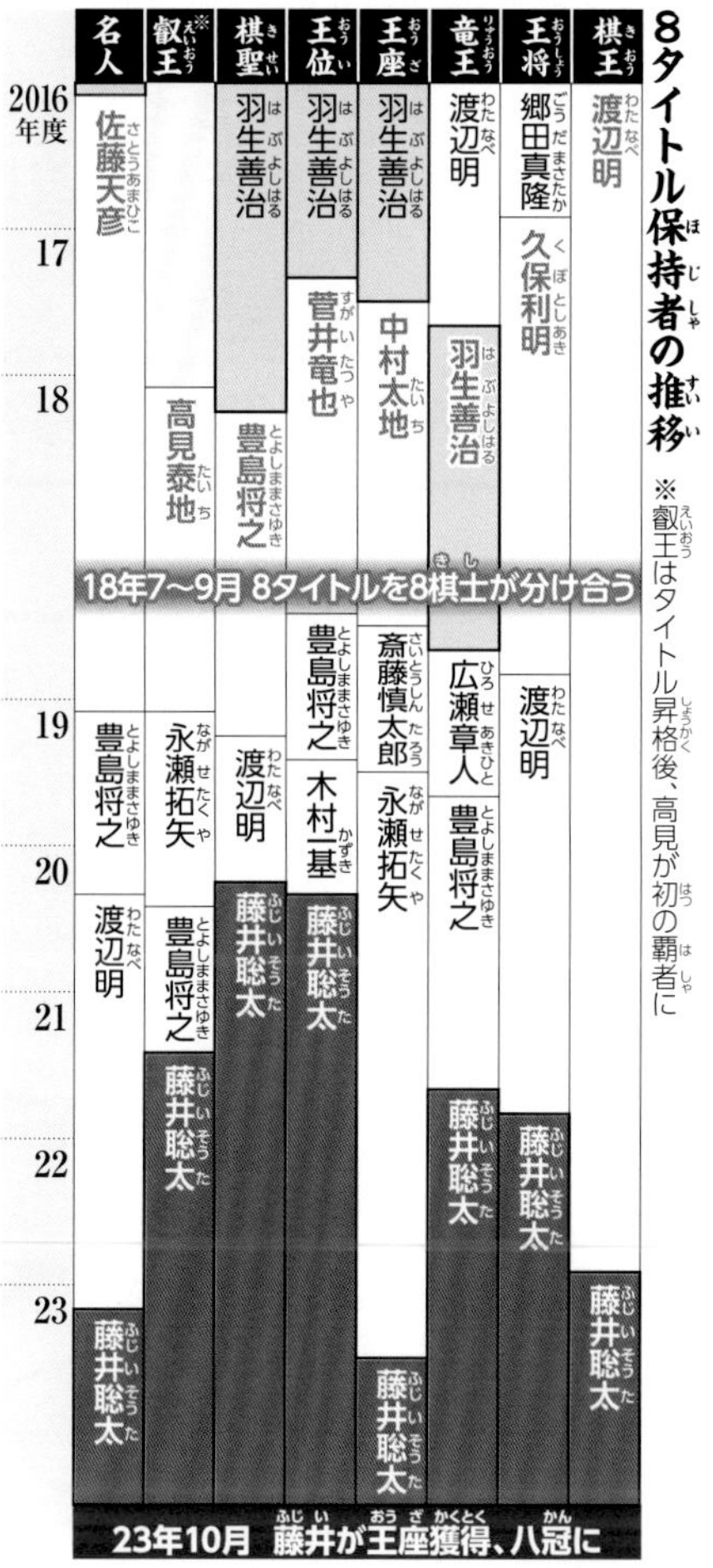

〈2023年10月13日掲載図表《けいさいずひょう》を改訂《かいてい》〉

インドの人口14億《おく》人超《こ》え、中国を抜《ぬ》き世界一《せかいいち》に

国際連合《こくさいれんごう》は、4月末《まつ》にインドの人口が約《やく》14億《おく》2577万人になり、中国を抜《ぬ》いて世界一《せかいいち》の人口になるとの推計《すいけい》を発表《はっぴょう》した。インドの人口は2060年代《ねんだい》前半まで、増《ふ》え続《つづ》けていくとみられている。

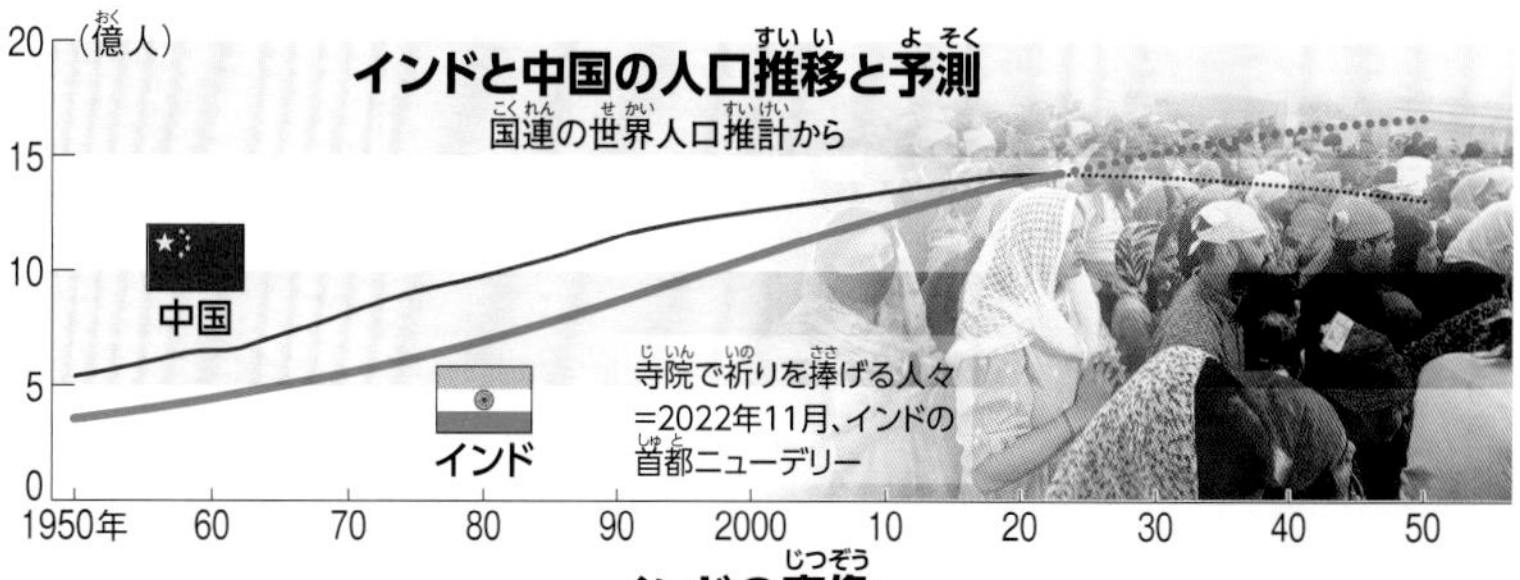

寺院《じいん》で祈《いの》りを捧《ささ》げる人々＝2022年11月、インドの首都《しゅと》ニューデリー

インドの実像《じつぞう》

国連《こくれん》や国際通貨基金《こくさいつうかききん》などの資料《しりょう》から

人口 4月末《まつ》、推計値《すいけいち》
14億《おく》2577万
中国を抜《ぬ》いて世界一《せかいいち》に。ベジタリアンが数億《おく》人いる

面積《めんせき》
約《やく》328万km²
世界《せかい》で7番目、日本の8.7倍《ばい》

GDP 2022年
約《やく》3兆《ちょう》3860億《おく》ドル
世界《せかい》で5番目、アメリカ、中国、日本、ドイツに次《つ》ぐ

軍事費《ぐんじひ》 2022年
約《やく》814億《おく》ドル
世界《せかい》で4番目、アメリカ、中国、ロシアに次《つ》ぐ

〈2023年7月4日掲載図表《けいさいずひょう》を改訂《かいてい》〉

関東大震災発生《かんとうだいしんさいはっせい》から100年

2023年は、10万人以上《いじょう》が犠牲《ぎせい》になった関東大震災《かんとうだいしんさい》から100年の節目《ふしめ》の年である。1923(大正12)年9月1日午前11時58分に地震《じしん》が発生《はっせい》。火災《かさい》のため被害《ひがい》が拡大《かくだい》し、東京や横浜《よこはま》の大部分《ぶぶん》が廃虚《はいきょ》となり、死者《ししゃ》・行方不明者《ゆくえふめいしゃ》は約《やく》10万5000人、全壊《ぜんかい》・全焼《ぜんしょう》・流出家《りゅうしゅつか》屋《おく》は計約《やく》29万3000棟《とう》に上った。

1923年9月1日午後1時ごろの東京・有楽町《ゆうらくちょう》。住民《じゅうみん》らは家財道具《かざいどうぐ》を道路《どうろ》に持《も》ち出《だ》し、後方のビルからは煙《けむり》が上がる

観測史上最《かんそくしじょうもっと》も暑《あつ》い1年 世界《せかい》の平均気温《へいきんきおん》は1.3度《ど》高く

2022年11月から2023年10月までの12カ月は観測《かんそく》史上最《しじょうもっと》も暑《あつ》かった、との分析《ぶんせき》をアメリカの研究機関《けんきゅうきかん》クライメート・セントラルが発表《はっぴょう》した。世界《せかい》の平均気温《へいきんきおん》は、化石《かせき》燃料《ねんりょう》を大量《たいりょう》に燃《も》やし始《はじ》めた産業革命《さんぎょうかくめい》前から1.3度《ど》高くなっていた。地球温暖化《ちきゅうおんだんか》に加《くわ》え、世界《せかい》の平均気温《へいきんきおん》を上げる「エルニーニョ現象《げんしょう》」も続《つづ》き、次《つぎ》の12カ月はさらに暑《あつ》くなるおそれがあるという。

日本では過去《かこ》30年と比《くら》べ、年間平均気温《へいきんきおん》は1.3度《ど》高かった。仙台《せんだい》市で1.8度《ど》、札幌《さっぽろ》市で1.7度《ど》など、北日本ほど高い傾向《けいこう》がみられ、東京は1.6度《ど》、大阪《おおさか》は1.1度《ど》高かった。

2023年は世界各地《せかいかくち》で異常気象《いじょうきしょう》が報告《ほうこく》されている。日本では7～9月の平均気温《へいきんきおん》が観測史上最高《かんそくしじょうさいこう》。11月に入っても、東京都心《としん》で最高気温《さいこうきおん》27.5度《ど》の日があり100年ぶりに記録《きろく》を更新《こうしん》した。

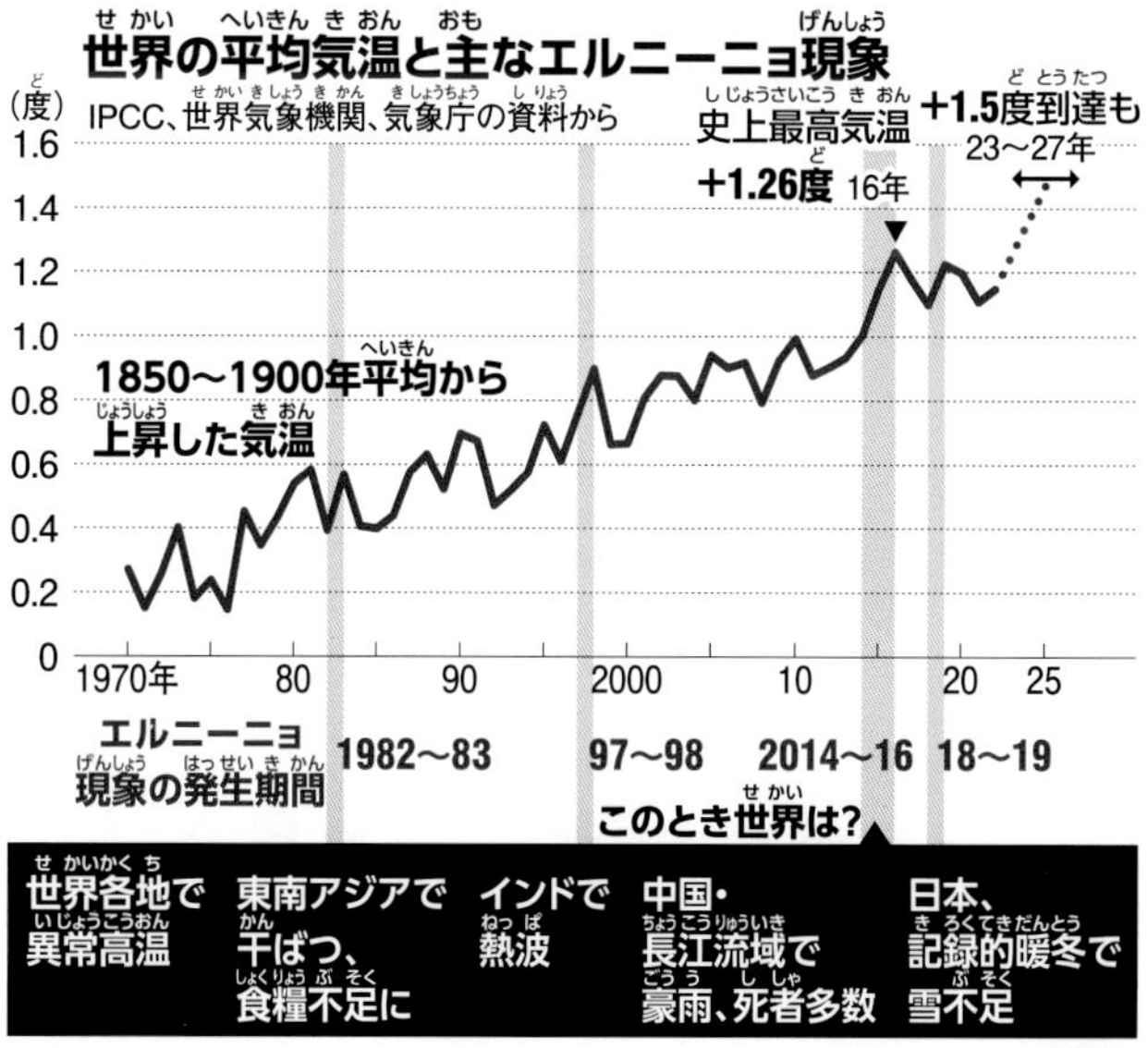

IPCC、世界気象機関《せかいきしょうきかん》、気象庁《きしょうちょう》の資料《しりょう》から

〈2023年6月14日掲載《けいさい》〉

アサクロウとその家族《かぞく》

シマフクロウの少年アサクロウと、少しおっちょこちょいなパパ、しっかり者《もの》のママ、妹のフクミの4羽家族《かぞく》。シマフクロウは日本では北海道《ほっかいどう》を中心に160羽ほど生息《せいそく》していて、絶滅《ぜつめつ》の危機《きき》に直面《ちょくめん》している。

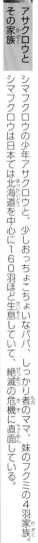

ぼくもはばたかなければ、世界《せかい》に!!
今すぐ!!
好《す》きなことを極《きわ》めよう!
野球《やきゅう》
ビュン
バスケ
バン
コロ〜ン
ゲーム
ズガガァ〜ン!
ゲームオーバー!!
ブレイキン
ズンダ ズンダ
ううう……。
うるさーい!! もう夜中!! 早く寝《ね》なさーーい!!
ぼくの未来《みらい》を…… いや、今を閉《と》ざさないでよ〜〜!!
コラー
翌日《よくじつ》
……なんてことがあってね……。
まだ、決《き》めなくていいんじゃない?
アサクロウくんが今すぐ世界《せかい》にはばたいちゃったら今みたいに遊《あそ》べなくなるからイヤだよ。
そうそう!
そうだね、あそぼ!
今はまだ気づかない才能《さいのう》をひめているかも……。アサクロウ、ゆっくりやろう!!

オシマイ。

今月のキーワード Key Word

岸田首相襲撃事件《きしだしゅしょうしゅうげきじけん》

▼2023年4月、衆議院《しゅうぎいん》の補欠選挙《ほけつせんきょ》の応援演説《おうえんえんぜつ》で和歌山《わかやま》市の漁港《ぎょこう》を訪《おとず》れた**岸田文雄首相**《きしだふみおしゅしょう》の近くに筒状《つつじょう》のものが投《な》げ込《こ》まれ、まもなく爆発《ばくはつ》した。岸田首相《きしだしゅしょう》にけがはなかった。爆発物《ばくはつぶつ》を投《な》げた20代《だい》の無職《むしょく》の男が現場《げんば》で取《と》り押《お》さえられ、演説《えんぜつ》を妨害《ぼうがい》したとして威力業務妨害《いりょくぎょうむぼうがい》の疑《うたが》いで現行犯逮捕《げんこうはんたいほ》された。男は選挙制度《せんきょせいど》に不満《ふまん》があったとみられるが、黙秘《もくひ》を続《つづ》けている。9月、殺人未遂《さつじんみすい》や爆発物取締罰則違反《ばくはつぶつとりしまりばっそくいはん》などの罪《つみ》で起訴《きそ》された。

こども家庭庁《かていちょう》

▼政府《せいふ》の子ども政策《せいさく》を束《たば》ねる司令塔《しれいとう》の役割《やくわり》を担《にな》う**こども家庭庁**《かていちょう》が、2023年4月に発足《ほっそく》した。妊娠期《にんしんき》からの子育《こそだ》て支援《しえん》、虐待《ぎゃくたい》や貧困《ひんこん》といった困難《こんなん》に直面《ちょくめん》する子どもや若者《わかもの》への支援《しえん》、さらに**少子化対策**《しょうしかたいさく》にも取《と》り組《く》む。新しい中央省庁《ちゅうおうしょうちょう》ができるのは2021年のデジタル庁《ちょう》以来《いらい》。

G7広島《ひろしま》サミット

▼2023年5月、広島《ひろしま》市で主要《しゅよう》7カ国首脳会議《こくしゅのうかいぎ》（G7サミット）が開催《かいさい》された。サミットが日本で開催《かいさい》されるのは7回目。**被爆都市《ひばくとし》ヒロシマ**にG7の首脳《しゅのう》らが集結《しゅうけつ》し、G7として初《はじ》めて**核軍縮**《かくぐんしゅく》に関《かん》する独立《どくりつ》した文書「**広島《ひろしま》ビジョン**」を発表《はっぴょう》した。また、ロシアによるウクライナ侵攻《しんこう》を強く非難《ひなん》し、ウクライナ支援《しえん》の継続《けいぞく》で一致《いっち》した。

出生数、過去最少《かこさいしょう》に

▼2022年に生まれた日本人の子どもは前年から5.0%少ない77万747人で、過去最少《かこさいしょう》となった。80万人を割《わ》り込《こ》むのは初《はじ》めてで、減少《げんしょう》は7年連続《れんぞく》。1人の女性《じょせい》が生涯《しょうがい》に産《う》む見込《みこ》みの子どもの数を示《しめ》す**合計特殊出生率**《ごうけいとくしゅしゅっしょうりつ》は1.26で、データのある1947年以降《いこう》では2005年と並《なら》んで過去最低《かこさいてい》の水準《すいじゅん》だった。人口を維持《いじ》するのに必要《ひつよう》な出生率《りつ》（2.06）には遠く及《およ》ばない**1**

生成《せいせい》AI

▼人間の指示《しじ》に従《したが》って、文章《ぶんしょう》、画像《がぞう》、動画《どうが》などを生成《せいせい》する**人工知能**《じんこうちのう》（AI）。アメリカのオープンAI社が開発《かいはつ》した**チャットGPT**が代表例《だいひょうれい》。質問《しつもん》を入力すると、人間と会話をしているかのように自然《しぜん》な回答が返《かえ》ってくる**チャットボット**（**自動応答**《じどうおうとう》**システム**）だ。新興《しんこう》企業《きぎょう》や、グーグルやメタなどアメリカのIT大手企業《きぎょう》も開発《かいはつ》を進《すす》めている。客対応《きゃくたいおう》のメールやチャット、プログラミングのコード作成《さくせい》、イラストのデザインなどさまざまな作業《さぎょう》で効率化《こうりつか》が進《すす》むと期待《きたい》されている。一方で、**著作権**《ちょさくけん》やクリエーターの権利《けんり》を侵《おか》したり、仕事《しごと》を奪《うば》ったりするおそれや悪用《あくよう》されることへの心配《しんぱい》も高まっており、ルールづくりや規制《きせい》も進《すす》められている。

TPPにイギリスが加盟《かめい》

▼2023年7月、**環太平洋経済連携協定**《かんたいへいようけいざいれんけいきょうてい》（TPP）へのイギリスの加盟《かめい》が

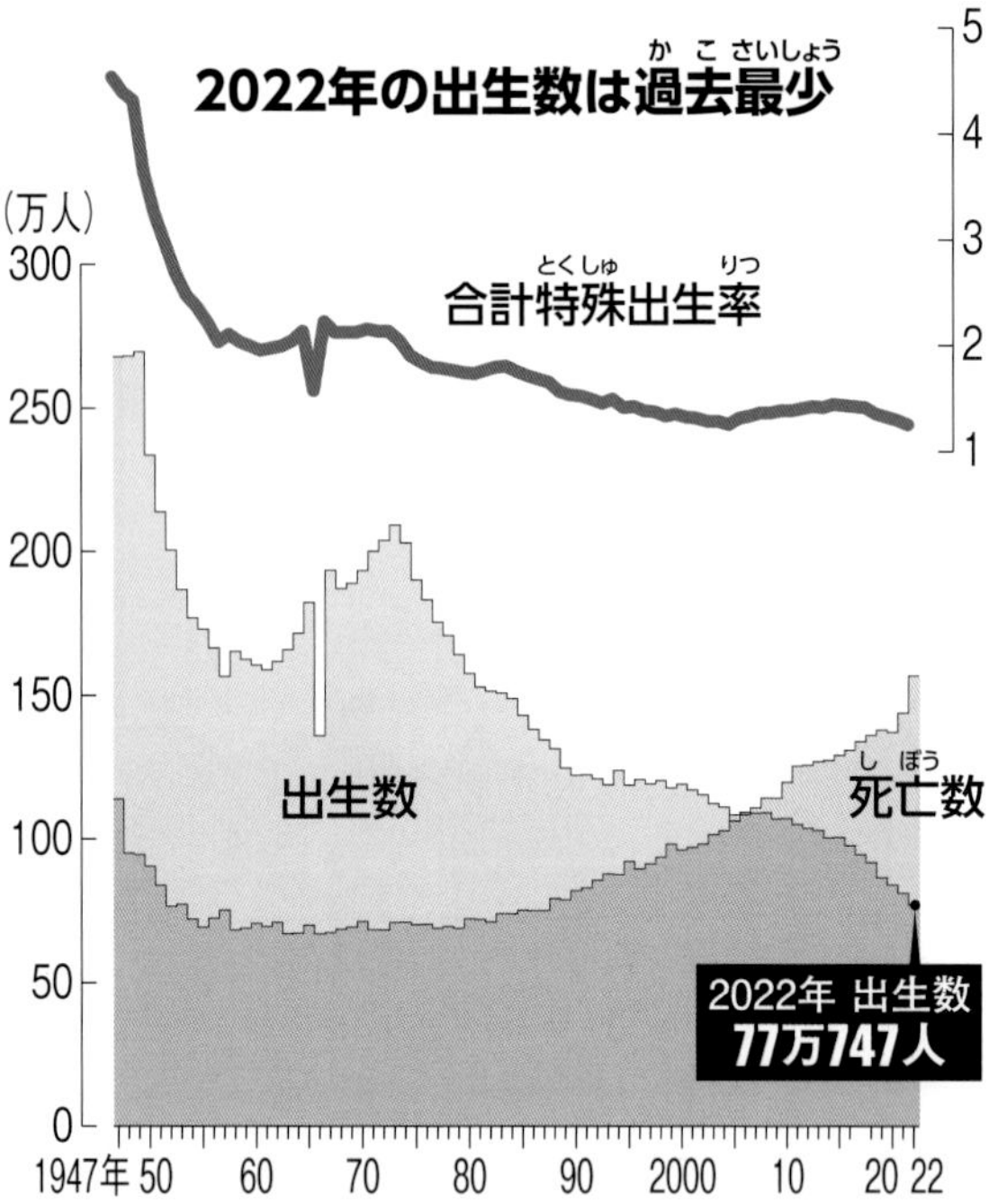

1 〈2023年6月3日掲載《けいさい》〉

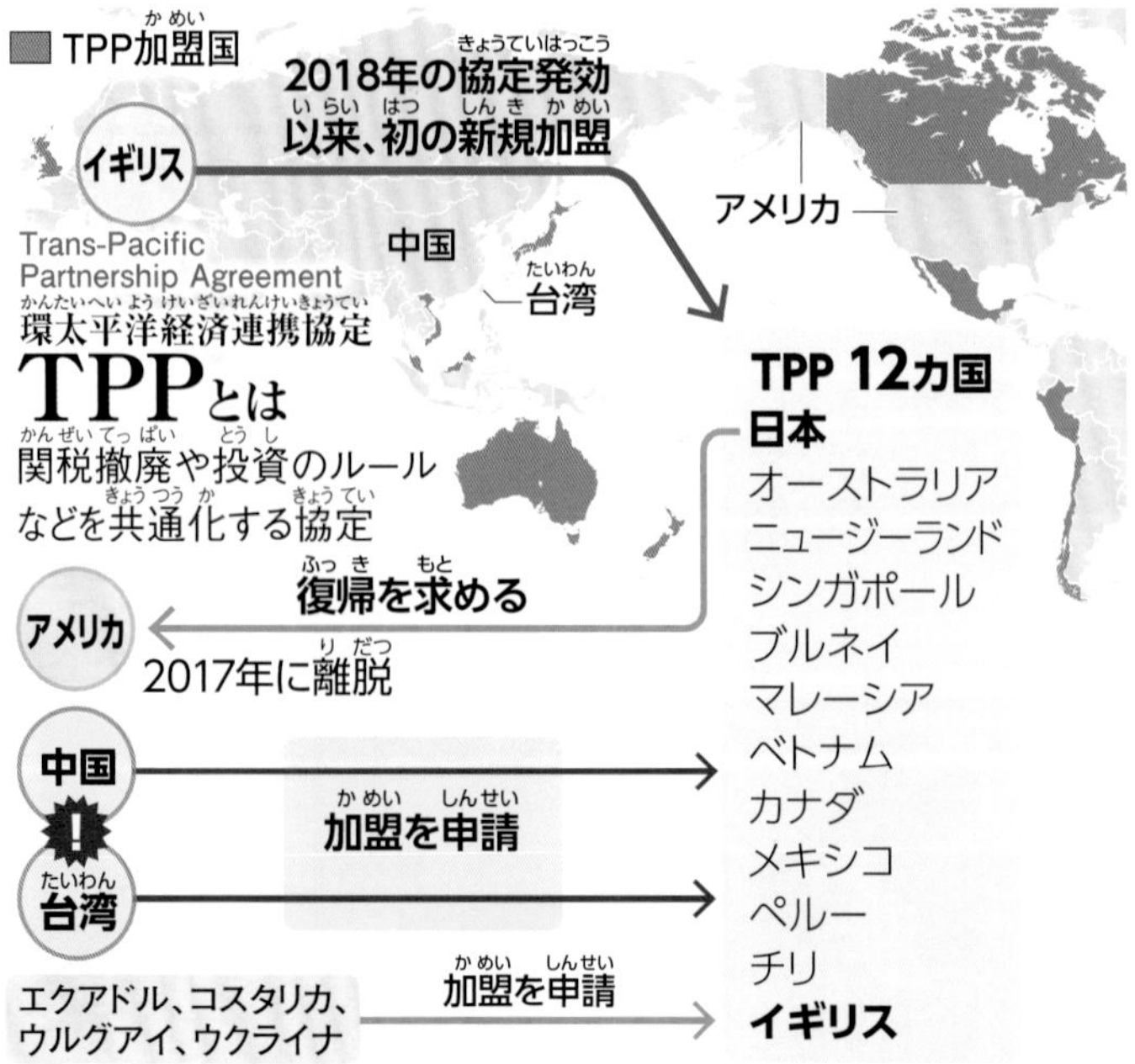

2 〈2023年7月17日掲載《けいさい》〉

決《き》まった。2018年に、太平洋《たいへいよう》を囲《かこ》む11カ国が輸入品《ゆにゅうひん》の関税《かんぜい》を低《ひく》くし、自《じ》由《ゆう》な経済圏《けいざいけん》をめざす協定《きょうてい》としてTPPが発効《はっこう》してから、新たな加盟《かめい》は初《はじ》めて。イギリスは2020年にヨーロッパ連合《れんごう》（EU）を離脱《りだつ》しており、新たな貿易《ぼうえき》相手《あいて》をインド太平洋《たいへいよう》地域《ちいき》に求《もと》める戦略《せんりゃく》を描《えが》いた。TPPには、2021年9月に中国と台湾《たいわん》が相次《あいつ》いで加盟《かめい》を申請《しんせい》した。その後、エクアドル、コスタリカ、ウルグアイ、ウクライナも加盟《かめい》を申請《しんせい》している。2

電動《でんどう》キックボード、ルール変更《へんこう》

▼搭載《とうさい》したモーターで動《うご》き、板状《いたじょう》の車体に立って乗《の》る電動《でんどう》キックボード。2023年7月から一定《いってい》の要件《ようけん》を満《み》たした車体は、自転車《じてんしゃ》並《な》みの扱《あつか》いになった。最高速度《さいこうそくど》が時速《じそく》20㎞を超《こ》えない車体は、16歳《さい》未満《みまん》は運転禁止《うんてんきんし》だが、16歳《さい》以上《いじょう》は運転免許《うんてんめんきょ》が不要《ふよう》となり、ヘルメットの着用《ちゃくよう》も努力義務《どりょくぎむ》になった。手軽《てがる》な交通手段《しゅだん》として利用《りよう》が進《すす》むとみられるが、違反《いはん》や事故《じこ》が増《ふ》えており、安全確《あんぜんかく》保《ほ》が課題《かだい》だ。

ハマス、イスラエルに大規模攻撃《きぼこうげき》

▼パレスチナ自治区《じちく》ガザ地区《ちく》を実効支《じっこうし》配《はい》するイスラム組織《そしき》ハマスは2023年10月、イスラエルに対《たい》する大規模攻撃《きぼこうげき》を始《はじ》めた。大量《たいりょう》のロケット弾発射《だんはっしゃ》に加《くわ》え、戦闘員《せんとういん》がイスラエル領内《りょうない》に侵入《しんにゅう》し、民間《みんかん》人らを襲撃《しゅうげき》した。ここ数年で最大《さいだい》規模《きぼ》の攻撃《こうげき》で、イスラエル軍《ぐん》は報復《ほうふく》としてガザ地区《ちく》を空爆《くうばく》した。攻撃《こうげき》のあった10月7日はユダヤ教の祭日《さいじつ》、同6日はイスラエルがエジプトとシリアに急襲《きゅうしゅう》された第《だい》4次《じ》中東戦争《せんそう》から50年の節目《ふしめ》で、ハマスはつらい記憶《きおく》をよみがえらせる時期《じき》をねらって攻撃《こうげき》した可《か》能性《のうせい》がある。イスラエル軍《ぐん》はガザからのハマス排除《はいじょ》へ向《む》けた軍事作戦《ぐんじさくせん》を進《すす》めている。

福島第一原発《ふくしまだいいちげんぱつ》の処理《しょり》水の海洋放出《かいようほうしゅつ》

▼東京電力は2023年8月、福島第一《ふくしまだいいち》原子力発電所《はつでんしょ》の処《しょ》理《り》水の海への放出《ほうしゅつ》を始《はじ》めた。2011年3月11日に発生《はっせい》した東日本大震災《だいしんさい》による原発事《げんぱつじ》故《こ》で溶《と》け落《お》ちた核燃料《かくねんりょう》を冷《ひ》やす作業《さぎょう》で増《ふ》え続《つづ》ける汚染《おせん》水対《たい》策《さく》の一環《いっかん》である。汚染《おせん》水には、多《た》様《よう》な放射性物質《ほうしゃせいぶっしつ》が高濃度《のうど》に含《ふく》まれており、多核種除去設《たかくしゅじょきょせつ》備《び》（ALPS《アルプス》）で大半の放射《ほうしゃ》性物質《せいぶっしつ》を除去《じょきょ》する。さらに大《たい》量《りょう》の海水で薄《うす》めることで、すべての放射性物質《ほうしゃせいぶっしつ》の濃度《のうど》を法令基準《ほうれいきじゅん》未《み》満《まん》にした「処理《しょり》水」にして、海へ放出《ほうしゅつ》する。放出《ほうしゅつ》は約《やく》30年続《つづ》く見通して、トラブルなく作業《さぎょう》を進《すす》められるかが課題《かだい》だ。3

汚染《おせん》水の処理《しょり》や処理《しょり》水放出《ほうしゅつ》の流れ

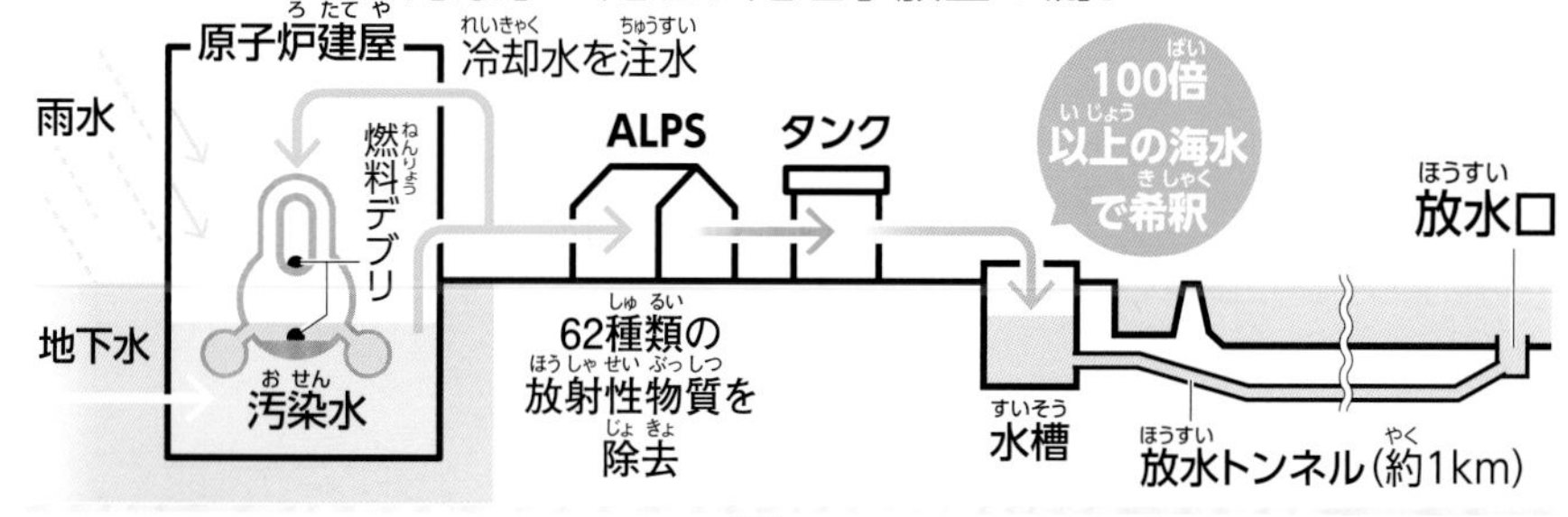

主《おも》な放射性《ほうしゃせい》物質《ぶっしつ》の濃度《のうど》（単位《たんい》はベクレル／リットル）	汚染《おせん》水	ALPS処理《しょり》後	国の放出基準《ほうしゅつきじゅん》
セシウム134	数千～数十万	検出限界値未満《けんしゅつげんかいちみまん》	60
セシウム137	数十万～数千万	0.47	90
トリチウム	数千～数十万	14万	6万

東京電力の資料《しりょう》から。処理《しょり》後の濃度《のうど》は6月公表《こうひょう》の貯蔵《ちょぞう》タンク（約《やく》9千トン）の分析結果《ぶんせきけっか》

3 〈2023年8月22日掲載《けいさい》〉

量子《りょうし》コンピューター

▼電子や原子といったミクロの世界《せかい》で働《はたら》く物理法則《ぶつりほうそく》「量子力学《りょうしりきがく》」を使《つか》った計算機《き》。従来《じゅうらい》の計算機《き》は、内部《ないぶ》であらゆる情報《じょうほう》を「0」か「1」のどちらかで表現《ひょうげん》する。一方、量子《りょうし》コンピューターは「0」でもあり「1」でもあるという両方《りょうほう》が存在《そんざい》する特別《とくべつ》な状態《じょうたい》を利《り》用《よう》する。複数《ふくすう》の組み合わせを一度《いちど》に計算することができるため、スーパーコンピューターでも何万年、何億《おく》年かけても解《と》けない問題《もんだい》が簡単《かんたん》に解《と》ける可能《かのう》性《せい》がある。2023年3月、理化学研《りかがくけん》究所《きゅうしょ》などが開発《かいはつ》した国産初《こくさんはつ》の量子《りょうし》コンピューターが完成《かんせい》した。

ロシアのウクライナ侵攻《しんこう》

▼2022年2月、ロシアが隣国《りんごく》ウクライナへ侵攻《しんこう》した。プーチン大統領《だいとうりょう》はウクライナ東部《とうぶ》の住民保護《じゅうみんほご》や「ネオナチ」との戦《たたか》いなどを理由《りゆう》にしたが、その根《こん》拠《きょ》は乏《とぼ》しく、アメリカやヨーロッパ、日本は厳《きび》しい制裁《せいさい》を科した。ロシアは短《たん》期《き》で決着《けっちゃく》させる計画だったが、アメリカなどから軍事支援《ぐんじしえん》を受《う》けるウクライナに苦戦《くせん》。ウクライナはゼレンスキー大統領《だいとうりょう》を中心に士気《しき》が高く、東部《とうぶ》や南《なん》部《ぶ》で占領《せんりょう》地を奪還《だっかん》するなど反転攻勢《はんてんこうせい》を強めている。一方、ロシアは多数の兵《へい》士《し》の戦死《せんし》もいとわない「人海戦術《せんじゅつ》」を続《つづ》ける。民間《みんかん》人の犠牲《ぎせい》者も増《ふ》え続《つづ》けているが、停戦《ていせん》の見通しはたたず、長期《ちょうき》戦《せん》の様相《ようそう》を示《しめ》している。

2023年 日本の主《おも》なできごと

地図で学ぼう!

闇《やみ》バイトによる強盗《ごうとう》など凶悪事件《きょうあくじけん》の続発《ぞくはつ》、芸能事務所創業者《げいのうじむしょそうぎょうしゃ》の性加害問題《せいかがいもんだい》、物価《ぶっか》高に猛暑《もうしょ》と、気がめいるようなできごとが多かったなかで、将棋《しょうぎ》の世界《せかい》では21歳《さい》の若者《わかもの》が光り輝《かがや》き、関西圏《かんさいけん》は野球《やきゅう》の関西《かんさい》ダービーで沸《わ》いた。2023年の主《おも》な国内ニュースをふり返《かえ》ってみよう。

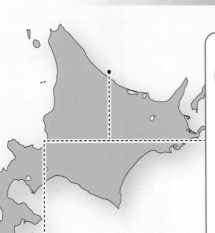

10月 藤井聡太棋士《ふじいそうたきし》、八冠達成《かんたっせい》

将棋《しょうぎ》の藤井聡太棋士《ふじいそうたきし》が、八大タイトルのうち「棋王《きおう》」を3月、「名人」を6月、「王座《おうざ》」を10月に獲得《かくとく》。「竜《りゅう》王《おう》」など他《ほか》の五つは前年までに獲得《かくとく》していて、2018年にタイトルが八つに増《ふ》えてから初《はじ》めて全《ぜん》タイトルを独占《どくせん》する「八冠《かん》」を達成《たっせい》した。全《ぜん》タイトル独占《どくせん》は史上《しじょう》4人目で、21歳《さい》2カ月での達成《たっせい》は最年少記録《さいねんしょうきろく》だ。

8月〜 原発事故《げんぱつじこ》の処理《しょり》水、海への放出開始《ほうしゅつかいし》

2011年に大事故《じこ》を起《お》こした福島第一《ふくしまだいいち》原子力発電所《はつでんしょ》でたまり続《つづ》ける汚染《おせん》水を浄《じょう》化《か》し、放射性物質《ほうしゃせいぶっしつ》の濃度《のうど》を基準値以下《きじゅんちいか》にした「処理《しょり》水」の、太平洋《たいへいよう》への放出《ほうしゅつ》が始《はじ》まった。IAEA（国際《こくさい》原子力機関《きかん》）が安全性《あんぜんせい》を確認《かくにん》しているが、中国は反発《はんぱつ》して日本産水産物《さんすいさんぶつ》の輸入《ゆにゅう》を停止《ていし》。中国への輸出《ゆしゅつ》が多かった北海道の養殖《ようしょく》ホタテなどが出荷《しゅっか》先を失《うしな》った。

11月 阪神《はんしん》タイガース、38年ぶり日本一

プロ野球《やきゅう》の日本シリーズで、18年ぶりにセ・リーグを制《せい》した阪神《はんしん》タイガースが、パ・リーグ3連覇《れんぱ》のオリックス・バファローズに勝《か》ち、1985年以来《いらい》38年ぶり2度目《どめ》の日本一に輝《かがや》いた。阪神《はんしん》は現在《げんざい》の12球団《きゅうだん》の中で、84年を最後《さいご》に日本一になっていない広島《ひろしま》に次《つ》いで、2番目に日本一から遠のいていた。関西《かんさい》に本拠地《ほんきょち》を置《お》く球団同士《きゅうだんどうし》の「関西《かんさい》ダービー」に関西圏《かんさいけん》は沸《わ》いた。

マイナンバーカードの保有率《ほゆうりつ》（2023年9月末現在《まつげんざい》）

- 最高《さいこう》：宮崎県《みやざきけん》（81.2%）
- 75〜78%未満《みまん》
- 72〜75%未満《みまん》
- 69〜72%未満《みまん》
- 最低《さいてい》：沖縄県《おきなわけん》（60.4%）

※全国《ぜんこく》の保有率《ほゆうりつ》は72.5%

（総務省資料《そうむしょうしりょう》）

9月 旧《きゅう》ジャニーズ、創業者《そうぎょうしゃ》の性加害《せいかがい》を認《みと》める

1970年ごろから数々の男性《だんせい》アイドルを世《よ》に送《おく》り出してきた芸能事務所《げいのうじむしょ》「ジャニーズ事務所《じむしょ》」創業者《そうぎょうしゃ》のジャニー喜多川《きたがわ》氏《し》（2019年死去《しきょ》）が、所属《しょぞく》タレントや研修《けんしゅう》生などに性的虐《せいてきぎゃく》待《たい》を繰《く》り返《かえ》していたことを事務所《じむしょ》が認《みと》めた。被害者《ひがいしゃ》は少なくとも数百人と見られる。事務所《じむしょ》は被害者《ひがいしゃ》へ補償《ほしょう》を行うと発表《はっぴょう》し、10月には社名を「SMILE-UP.《スマイルアップ》」に変更《へんこう》した。

【日本の報道《ほうどう》の姿勢《しせい》にも批判《ひはん》】

喜多川氏《きたがわし》による性加害《せいかがい》は、1960年代《だい》から雑誌《ざっし》や本などでしばしば指摘《してき》されてきた。しかし、2023年3月にイギリスの公共放送《こうきょうほうそう》BBCが報道《ほうどう》し、4月に被害者《ひがいしゃ》が記者《きしゃ》会見するまで、日本の新聞やテレビなどはほとんど報道《ほうどう》してこなかった。報道機関《ほうどうきかん》のこうした姿勢《しせい》が、被害《ひがい》をより大きくしたと批《ひ》判《はん》されている。

3月 4月 こども家庭庁発足《かていちょうほっそく》、文化庁《ぶんかちょう》は京都《きょうと》へ

少子化対策《かたいさく》や、子どもの権利《けんり》を守《まも》る政策《せいさく》を進《すす》めるため、子どもや子育《こそだ》て家庭《かてい》を支援《しえん》する国の機関《きかん》「こども家庭庁《かていちょう》」が発足《ほっそく》。また、東京への一極集中《いっきょくしゅうちゅう》を和《やわ》らげるため、文化《ぶんか》の振興《しんこう》をになう機関《きかん》「文化庁《ぶんかちょう》」（写真《しゃしん》）は、東京から、多くの文化財《ぶんかざい》が集《あつ》まる京都《きょうと》市に移《うつ》った。

＊＊ マイナンバーカードをめぐり混乱《こんらん》

政府《せいふ》は行政《ぎょうせい》のデジタル化《か》を一気に進《すす》めようと、ICカード式《しき》の身分証明書《みぶんしょうめい》「マイナンバーカード」の取得《しゅとく》を2月までに申請《しんせい》した人に最大《さいだい》2万円分のポイントを与《あた》える一方、健康保険証《けんこうほけんしょう》を2024年中に廃止《はいし》してマイナンバーカードにまとめる政策《せいさく》を進《すす》めた。しかし、誤《あやま》って別人《べつじん》の情報《じょうほう》をひもづけするなど、混乱《こんらん》やトラブルが多発《たはつ》。政策《せいさく》自体への批判《ひはん》も少なくない。

＊＊ ウクライナ情勢《じょうせい》と円安《えんやす》で物価上昇《ぶっかじょうしょう》

ロシアによるウクライナ侵攻《しんこう》の影響《えいきょう》などで世界的《せかいてき》に物価《ぶっか》高となったことに加《くわ》え、低成長《ていせいちょう》・低金利《ていきんり》が続《つづ》く日本の通貨《つうか》の価値《かち》が国際的《こくさいてき》に下がった（円安《えんやす》）ことで、燃料《ねんりょう》や原材料《げんざいりょう》の輸入価格《ゆにゅうかかく》が大きく上昇《じょうしょう》。物価《ぶっか》の横《よこ》ばい状態《じょうたい》が長年続《つづ》いていた日本でも、一転《いってん》して生活に欠《か》かせない品々《しなじな》が次々《つぎつぎ》と値上《ねあ》げされた。

亡《な》くなった主《おも》な文化《ぶんか》人

松本零士《まつもとれいじ》さん

福岡県出身《ふくおかけんしゅっしん》の漫画《まんが》家。2月、85歳《さい》で死去《しきょ》。SF漫画《まんが》の第《だい》一人者《いちにんしゃ》で、宇宙《うちゅう》を題材《だいざい》にした作品《さくひん》が多かった。「銀河鉄道999《ぎんがてつどうスリーナイン》」「宇宙戦艦《うちゅうせんかん》ヤマト」などの作品《さくひん》がアニメ化《か》され、大人気となった。

大江健三郎《おおえけんざぶろう》さん

愛媛県出身《えひめけんしゅっしん》の作家。3月、88歳《さい》で死去《しきょ》。「万延元年《まんえんがんねん》のフットボール」などの作品《さくひん》が世界的《せかいてき》に読まれ、1994年に日本で二人目のノーベル文学賞《しょう》を受賞《じゅしょう》した。反戦《はんせん》・反核《はんかく》の主張《しゅちょう》でも知られた。

坂本龍一《さかもとりゅういち》さん

東京都出身《としゅっしん》の音楽家。3月、71歳《さい》で死去《しきょ》。1978年に高橋《たかはし》幸宏《ゆきひろ》さん（1月、70歳《さい》で死去《しきょ》）、細野晴臣《ほそのはるおみ》さんと結成《けっせい》した「イエロー・マジック・オーケストラ」（YMO）は、テクノポップに世界的《せかいてき》な影響《えいきょう》を与《あた》えた。社会問題《もんだい》への発言《はつげん》も多かった。

5月～ 新型《しんがた》コロナ「5類《るい》」移行《いこう》、各地《かくち》で日常《にちじょう》がもどる

2020年に始《はじ》まった新型《しんがた》コロナウイルス感染症《かんせんしょう》の世界的《せかいてき》流行《りゅうこう》が落《お》ち着《つ》いてきたため、政府《せいふ》はこの感染症《かんせんしょう》の法律《ほうりつ》上の位置《いち》づけを、季節性《きせつせい》インフルエンザなどと同じ「5類《るい》」と呼《よ》ばれる分類《ぶんるい》に変更《へんこう》し、対策《たいさく》を緩《ゆる》めた。感染拡大《かんせんかくだい》を防《ふせ》ぐため中止・縮小《しゅくしょう》されてきた各地《かくち》のイベントなども再《ふた》び通常《つうじょう》通り行われるようになり、社会が日常《にちじょう》の姿《すがた》を取《と》りもどしてきた。

5月 日本銀行《にっぽんぎんこう》の総裁《そうさい》が交代《こうたい》

日本の金融《きんゆう》の中心である日本銀行《にっぽんぎんこう》の総裁《そうさい》が、黒田東彦氏《くろだはるひこし》から、大学教授《きょうじゅ》だった植田和男氏《うえだかずおし》に交代《こうたい》。黒田氏《くろだし》は「異次元《いじげん》の金融緩和《きんゆうかんわ》」と呼《よ》ばれる政策《せいさく》を政府《せいふ》と二人三脚《ににんさんきゃく》で行う異例《いれい》の態勢《たいせい》で日本経済《けいざい》の立て直しを目指《めざ》したが、最近《さいきん》は副作用《ふくさよう》が目立っていた。植田氏《うえだし》がどのように政策《せいさく》を修正《しゅうせい》していくか、注目《ちゅうもく》されている。

5月 G7《セブン》広島《ひろしま》サミット、ゼレンスキー大統領《だいとうりょう》も参加《さんか》

主要《しゅよう》7カ国首脳会議《しゅのうかいぎ》（G7《セブン》サミット）が、岸田文雄首相《きしだふみおしゅしょう》の地元である広島《ひろしま》市で開《ひら》かれ、安全保障問題《あんぜんほしょうもんだい》や「持続可能《じぞくかのう》な開発目標《かいはつもくひょう》（SDGs《エスディージーズ》）」などについて討議《とうぎ》。オンラインでゲスト参加《さんか》するとされていたウクライナのゼレンスキー大統領《だいとうりょう》も、フランスの政府専用機《せいふせんようき》で来日して出席《しゅっせき》した。首脳《しゅのう》たちは会議《かいぎ》の合間に、原爆資料館《げんばくしりょうかん》や原爆死没者慰霊碑《げんばくしぼつしゃいれいひ》を訪《おとず》れた。

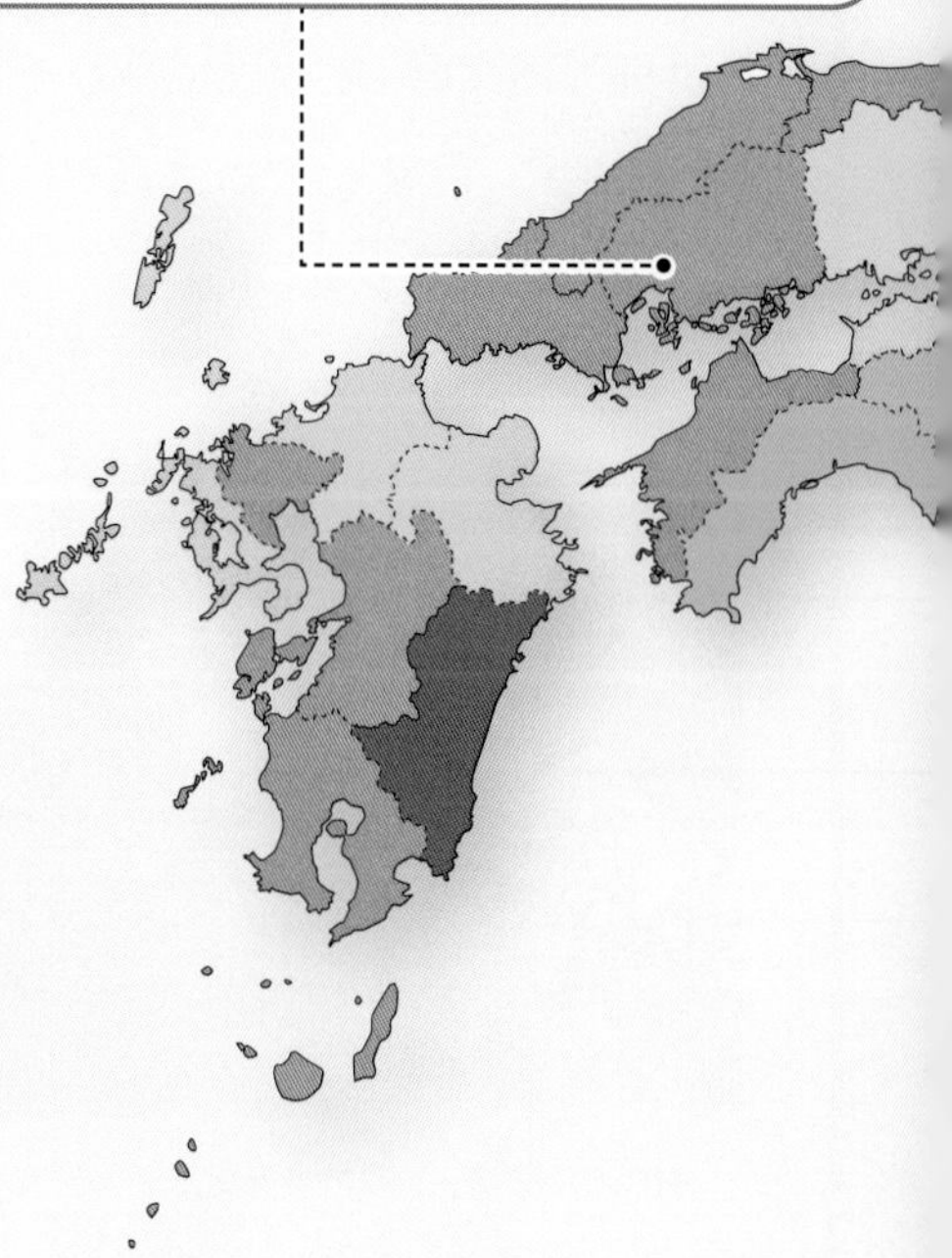

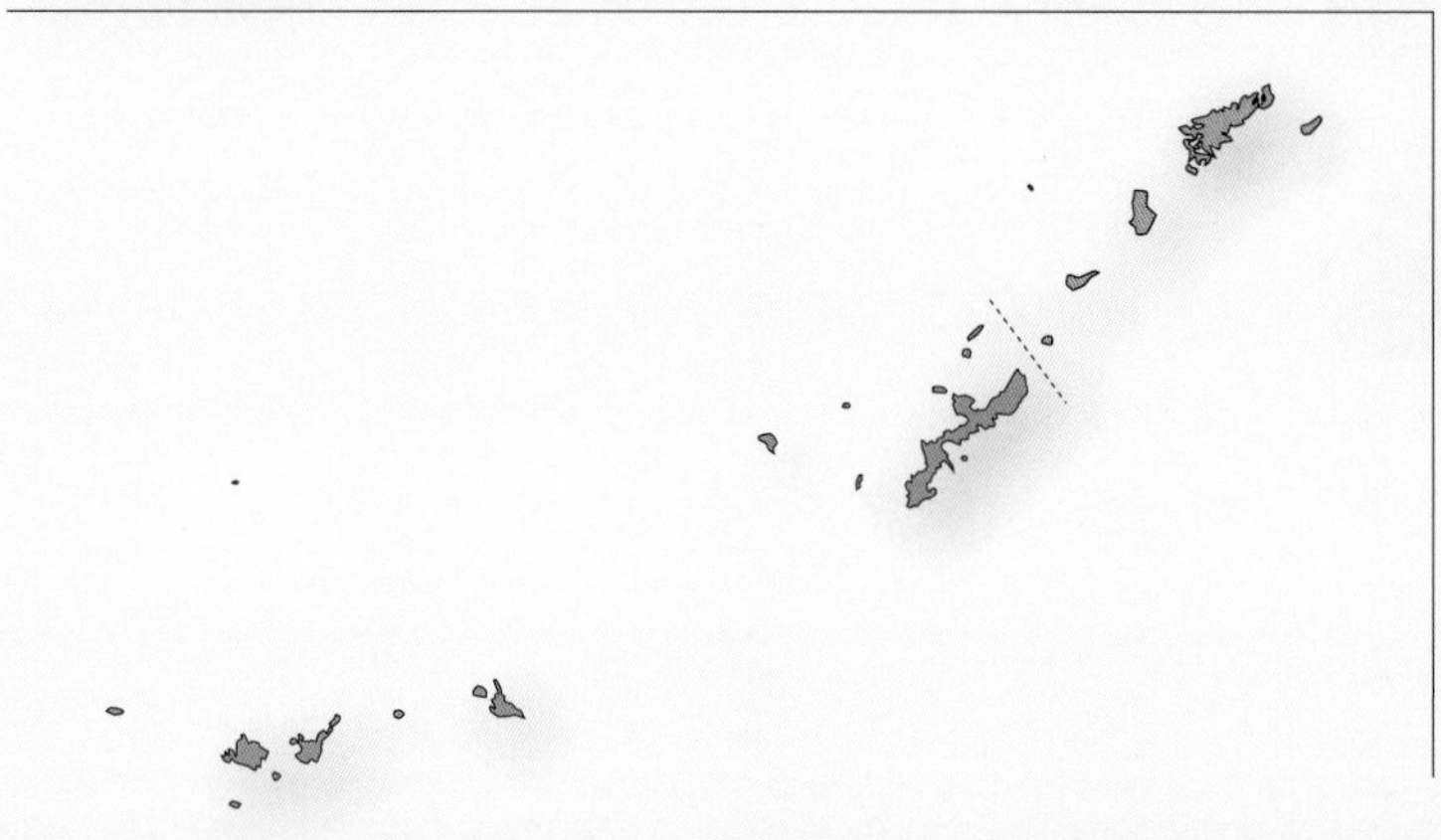

今解き人物伝《じんぶつでん》

坂本龍一《さかもとりゅういち》 (1952〜2023)

音楽と社会運動《うんどう》に情熱《じょうねつ》を燃《も》やし続《つづ》けた

作曲家《さっきょく》、ピアニスト、俳優《はいゆう》。東京都《と》中野区《く》生まれ。東京《とうきょう》芸術大学《げいじゅつだいがく》で作曲《さっきょく》を学ぶ。ドビュッシーやベートーベンなどのクラシックを土台にしながらも、大学入学以降《いこう》は電子音楽、民族《みんぞく》音楽に傾倒《けいとう》する。同大学の大学院《だいがくいん》を修了《しゅうりょう》後、1978年に音楽アルバム「千のナイフ」でソロデビューした。

◎YMOを結成《けっせい》

ソロデビューの同年、細野晴臣《はるおみ》、高橋幸宏《たかはしゆきひろ》と音楽グループ「イエロー・マジック・オーケストラ」(YMO)を結成《けっせい》。真《ま》っ赤《か》な人民服《じんみんふく》に身《み》をつつみ、「誤解《ごかい》された東洋《とうよう》のイメージ」をあえてつくり出すという方法《ほうほう》で、ヨーロッパやアメリカを中心とした東洋《とうよう》へのステレオタイプを皮《ひ》肉《にく》りながらも世界的《せかいてき》な人気を獲得《かくとく》。シンセサイザーとコンピューターを駆使《くし》した画期的《かっきてき》なサウンドで、「テクノポップ」という新たな領域《りょういき》を開《ひら》いた。

◎アカデミー賞《しょう》を受賞《じゅしょう》

1983年の映画《えいが》「戦場《せんじょう》のメリークリスマス」では音楽を担当《たんとう》し、自身《じしん》も俳優《はいゆう》として出演《しゅつえん》。イギリスのアカデミー賞作曲賞《しょうさっきょくしょう》を受賞《じゅしょう》した。1987年の映画《えいが》「ラストエンペラー」では、日本人初《はつ》となるアメリカのアカデミー賞《しょう》作曲賞《さっきょくしょう》を受賞《じゅしょう》。1992年にはバルセロナ・オリンピックの開会式《かいかいしき》の曲《きょく》をつくるなど、世界《せかい》で高く評価《ひょうか》された。

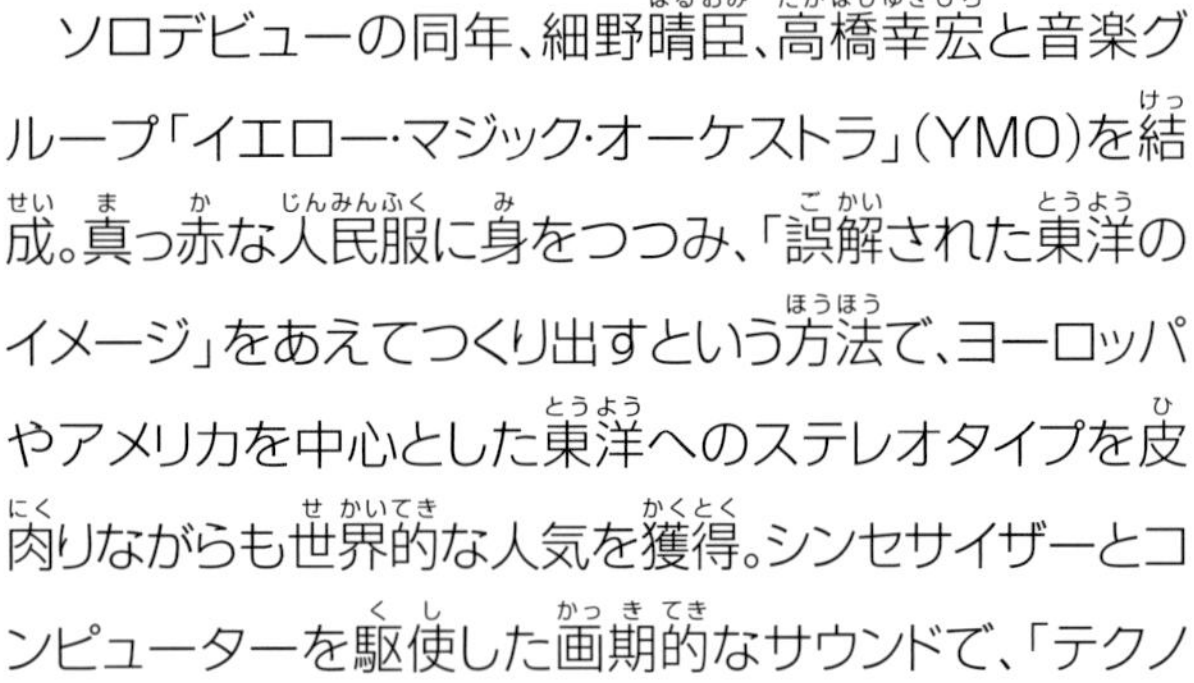

「集団的自衛権《しゅうだんてきじえいけん》」を認《みと》める安保法制《あんぽほうせい》(安全保障法制《あんぜんほしょうほうせい》)に反対《はんたい》するデモに参加《さんか》し、国会前でスピーチをする坂本龍一《さかもとりゅういち》=2015年8月、東京都千代田区《とちよだく》

◎社会問題《もんだい》に声を上げる

坂本《さかもと》は社会問題《もんだい》にも強い関心《かんしん》を寄《よ》せた。2006年には青森県六ヶ所《けんろっかしょ》村の使用済《しようず》み核燃料再処理《かくねんりょうさいしょり》工場の危険性《きけんせい》を訴《うった》える「ストップ・ロッカショ」プロジェクトを始動《しどう》。2011年に東京電力福島第一原発事故《ふくしまだいいちげんぱつじこ》が起《お》きると、さらに反原発運動《はんげんぱつうんどう》に注力《ちゅうりょく》し、首相官邸《しゅしょうかんてい》前デモにも参加《さんか》。復興支援《ふっこうしえん》にも取《と》り組《く》み、2013年には「東北ユースオーケストラ」を立ち上げ、子どもたちに音楽の指導《しどう》をした。沖縄《おきなわ》の基地問題《きちもんだい》や秘密保護法《ひみつほごほう》などでも積極的《せっきょくてき》に声を上げ、晩年《ばんねん》はがんと闘《たたか》いながら活動《かつどう》を続《つづ》けた。

亡《な》くなる約《やく》1カ月前には、多数の樹木《じゅもく》の伐採《ばっさい》計画をめぐって議論《ぎろん》となっている明治神宮外苑地区《めいじじんぐうがいえんちく》(東京都《と》)の再開発《さいかいはつ》について、計画の見直しを訴《うった》える手紙を小池《こいけ》百合子《ゆりこ》都知事《とちじ》に送《おく》った。社会運動《うんどう》を続《つづ》ける理由《りゆう》について、坂本《さかもと》は2017年に公開《こうかい》された自身《じしん》のドキュメンタリー映画《えいが》で、こう語っている。「声を上げないとしたら、それがストレス。見て見ぬふりをするというのは、僕《ぼく》にはできないことですから」

天声人語 ことば力

●左の『天声人語』を読んで下の問いに答えましょう。

天声人語

旧《きゅう》ソ連《れん》のフルシチョフ第一《だいいち》書記は1956年の党《とう》大会で、［①］裁者《さいしゃ》スターリンを名指《なざ》しで批判《ひはん》した。専横《せんおう》ぶりを糾弾《きゅうだん》する演説《えんぜつ》に聴衆《ちょうしゅう》から声があがった。「その時あなたは何をしていたのですか」▼フルシチョフがにらんだ。「いま発言《はつげん》したのは誰《だれ》か。挙手《きょしゅ》していただきたい」。誰《だれ》もいない。フルシチョフは言った。「いまのあなたと同じように、私《わたし》も黙《だま》っていた」。川崎泰著《かわさきとおるちょ》『ロシアの②ユーモア』が伝《つた》える小話だ▼自由《じゆう》のない社会では、為政者《いせいしゃ》の言動《げんどう》に沈黙《ちんもく》で応《おう》じるばかりか、称賛《しょうさん》の拍手《はくしゅ》を送《おく》らねば身《み》の危《あや》うい時もある。「戦争《せんそう》を始《はじ》めたのは（西側《にしがわ》の）彼《かれ》らである」。戯言《たわごと》としか思えないプーチン大統領《だいとうりょう》の年次《ねんじ》教書演説《えんぜつ》を、神妙《しんみょう》に聴《き》くロシアの人々《ひとびと》の映像《えいぞう》を見た。

その心中には何が③よぎったのだろう▼ウクライナ侵攻《しんこう》から今日で1年。ゼレンスキー政権《せいけん》を転覆《てんぷく》させるというプーチン氏《し》のもくろみは失敗《しっぱい》し、主戦場《しゅせんじょう》はウクライナ東部《とうぶ》や南部《なんぶ》に移《うつ》った。イジューム、マリウポリといった美《うつく》しい響《ひび》きの街《まち》の名が、悲《かな》しいニュースと共《とも》に記憶《きおく》に刻《きざ》まれる。そんな1年でもあった▼進軍《しんぐん》エリアを色分けした地図を見るうちに、いつのまにかこの戦争《せんそう》を高みから眺《なが》めようとしている自分に気づき、恥《は》じ入《い》ることがある。違《ちが》う。地図に描《えが》かれた小さな点の一つひとつに、多くの命《いのち》の営《いとな》みがあるのだ▼人々《ひとびと》が生死《せいし》のふるいにかけられ、別離《べつり》の涙《なみだ》が流《なが》されている。忘《わす》れてはならない。あなたは何をしているのですか――。プーチン氏《し》に抗議《こうぎ》の声をあげ続《つづ》けねば。

2023・2・24

1 次《つぎ》の説明《せつめい》が表《あらわ》す言葉《ことば》を、本文中から書き抜《ぬ》きなさい。

①責任《せきにん》や不正《ふせい》を問《と》いただすこと。 ［　　］

②褒《ほ》めたたえること。 ［　　］

2 「権力《けんりょく》を握《にぎ》って、自分の思い通りに国の政治《せいじ》を支配《しはい》する人」という意味《いみ》を表《あらわ》す3字熟語《じゅくご》になるように、［①］に入る漢字《かんじ》1字を書きなさい。

● ［　　］裁者《さいしゃ》

3 ――②「ユーモア」の意味《いみ》を調《しら》べて書きなさい。

［　　］

4 ――③「よぎった」という言葉《ことば》を使《つか》って短文《たんぶん》を作《つく》りなさい。

［　　］

1 10点×2	点 / 20点
2 20点×1	点 / 20点
3 30点×1	点 / 30点
4 30点×1	点 / 30点
合計	点

読解 1 入門チャレンジ

コロナ禍《か》明けの海外渡《と》航《こう》

物価《ぶっか》高・円安《えんやす》でも行く

2023年8月11日掲載《けいさい》

海外に出発《しゅっぱつ》する人でにぎわう国際《こくさい》線ロビー
=2023年7月、大阪府《おおさかふ》の関西空港《かんさいくうこう》

夏は旅行《りょこう》や留学《りゅうがく》などで海外に向《む》かう人が多い。だが、*円安《えんやす》や航空運賃《こうくううんちん》の高騰《こうとう》で、様々《さまざま》な異変《いへん》が起《お》きている。

「これまで我慢《がまん》していた学生たちが、新型《しんがた》コロナが落《お》ち着《つ》いて一気に長期留《ちょうきりゅう》学《がく》に踏《ふ》み切《き》っている」。東京外国語大学の副《ふく》学長（教育担当《きょういくたんとう》）はそう話す。同大学では2023年夏、長期《ちょうき》（おおむね5カ月以上《いじょう》）で海外留学《りゅうがく》に行く学生が過去最多《かこさいた》の279人となった。

一方、通常《つうじょう》は1年生が多い短期留学《たんきりゅうがく》は、同年夏は2、3年生が多いのが特徴《とくちょう》だった。副《ふく》学長は「留学《りゅうがく》を希望《きぼう》する学生が多いのに実現《じつげん》できず、不満《ふまん》がたまっていた。航空運賃《こうくううんちん》や滞在費《たいざいひ》の高騰《こうとう》は続《つづ》いているが、家族《かぞく》も積極的《せっきょくてき》に後押《あとお》ししている」と話す。

日本から海外への航空運賃《こうくううんちん》は、ロシアによる*ウクライナ侵攻《しんこう》を受《う》けたエネルギー価格《かかく》の高騰《こうとう》などにより、コロナ禍《か》前の2019年と比《くら》べて多くの路線《ろせん》で2～4割《わり》ほど値上《ねあ》がりしている。

●上の記事《きじ》を読んで後の問《と》いに答えましょう。

1 2023年夏の、東京外国語大学の学生の留学状況《りゅうがくじょうきょう》についてまとめた次《つぎ》の文章《ぶんしょう》の□に当てはまる言葉《ことば》を、記事《きじ》中から抜《ぬ》き出《だ》しましょう。

新型《しんがた》□が落《お》ち着《つ》いて、長期留学《ちょうきりゅうがく》に踏《ふ》み切《き》る学生が過去《かこ》□となった。□留学《りゅうがく》は、これまで実現《じつげん》できなかった2、3年生が多くなっている。

2 日本から海外への航空運賃《こうくううんちん》が値上《ねあ》がりしている主《おも》な理由《りゆう》は何ですか。「ロシア」という言葉《ことば》を使《つか》って、記事《きじ》を参考《さんこう》に説明《せつめい》しましょう。

3 ——「二極化《にきょくか》が起《お》きている」とありますが、二極化《にきょくか》とは、どのような家庭《かてい》があることを指《さ》していますか。記事《きじ》を参考《さんこう》に説明《せつめい》しましょう。

【物価高騰《ぶっかこうとう》】
物《もの》の値段《ねだん》が非常《ひじょう》に高くなることよ。新型《しんがた》コロナウイルスの感染拡大《かんせんかくだい》やロシアによるウクライナ侵攻《しんこう》の影響《えいきょう》などによって、世界的《せかいてき》な物価高《ぶっかこう》騰《とう》が続《つづ》いているわ。日本国内では円安《えんやす》の影響《えいきょう》も大きいのよ。

円安《えんやす》も進《すす》んだ。コロナ禍《か》前の2019年8月の1ドル＝106円程《てい》度《ど》に比《くら》べると、円の価値《かち》は4分の3程度《ていど》に下がっている。留学《りゅうがく》あっせんも行う専門雑誌《せんもんざっし》の広報担当者《こうほうたんとうしゃ》は「もともと『高い買い物《もの》』である留学《りゅうがく》に子どもを送《おく》り出す家庭《かてい》は、渡航費《とこうひ》が高くても頑《がん》張《ば》って送《おく》り出す。一方で余裕《よゆう》のない家庭《かてい》では諦《あきら》めるケースもあり、二極化《にきょくか》が起《お》きている」と話す。

一方、日本の旅行《りょこう》会社の調査《ちょうさ》によると、2023年の夏休み（7月15日〜8月31日）の海外旅行者《りょこうしゃ》の予測《よそく》数は120万人。コロナ禍《か》前の2019年と比《くら》べ、約《やく》4割《わり》にとどまる。「物価《ぶっか》高や円安《えんやす》で旅行《りょこう》代金《だいきん》の高騰《こうとう》は避《さ》けられない。少し落《お》ち着《つ》いてからと考える方もいるようだ」と広報担当者《こうほうたんとうしゃ》は話す。

人気のハワイやグアムは、円安《えんやす》に加《くわ》え、人手不足《ぶそく》で賃金《ちんぎん》が上がり、現地《げんち》の物価《ぶっか》をさらに上げている。ヨーロッパやアメリカではガイドが足りない。「コロナ禍《か》の3年間、違《ちが》う仕事《しごと》に就《つ》き、そのまま離職《りしょく》というケースがある。需要《じゅよう》の高まりに追《お》いついていない」と言う。

旅行代金《りょこうだいきん》が高騰《こうとう》する中、人気なのが高額《こうがく》なビジネスクラスを使《つか》ったツアー旅行《りょこう》だ。様々《さまざま》な旅行《りょこう》会社で添乗員《てんじょういん》を務《つと》める40代《だい》の女性《じょせい》は「コロナ禍《か》前と比《くら》べて旅行代金《りょこうだいきん》は1・5倍《ばい》になっているが、3年貯《ちょ》金《きん》したからと思い切る高所得者層《しょとくしゃそう》やシニア層《そう》が多い」と話す。旅行代金高騰《りょこうだいきんこうとう》の先行きについて、旅行《りょこう》会社の広報担当者《こうほうたんとうしゃ》は「見通しはつかない」と言う。

＊円安《えんやす》…日本の通貨《つうか》「円」の価値《かち》が外国の通貨《つうか》に対《たい》して低《ひく》くなること。円安《えんやす》になると原《げん》材料《ざいりょう》や石油《せきゆ》を輸入《ゆにゅう》するのに多くの円が必要《ひつよう》になり、商品《しょうひん》などの値上《ねあ》げにつながる。

＊ウクライナ侵攻《しんこう》…2022年2月、ロシアが隣《となり》の国のウクライナに軍事侵攻《ぐんじしんこう》し、両国《りょうこく》の間で戦闘《せんとう》が始《はじ》まった。

調べよう あっせん／渡航《とこう》／二極化《にきょくか》／離職《りしょく》／需要《じゅよう》／ビジネスクラス

4 2023年の夏休みの海外旅行《りょこう》の予測《よそく》数について、コロナ禍《か》前との比較《ひかく》（比《くら》べること）にも触《ふ》れながら、記事《きじ》を参考《さんこう》に説明《せつめい》しましょう。

5 海外の旅行《りょこう》地や旅行代金《りょこうだいきん》の説明《せつめい》として正しいものを、次《つぎ》のア〜エから一つ選《えら》び、（　）の中に○を書きましょう。

ア（　）旅行代金《りょこうだいきん》が高騰《こうとう》しているため、低額《ていがく》なエコノミークラスを使《つか》ったツアー旅行《りょこう》が人気を集《あつ》めている。

イ（　）ヨーロッパやアメリカではコロナ禍《か》で違《ちが》う仕事《しごと》に就《つ》き、そのまま離職《りしょく》した人もいるため、ガイドが足りていない。

ウ（　）コロナ禍《か》前と比《くら》べて旅行代金《りょこうだいきん》は2倍以上《ばいいじょう》になっているが、高騰《こうとう》はまもなく落《お》ち着《つ》くと見られている。

エ（　）ハワイやグアムの旅行《りょこう》も円安《えんやす》の影響《えいきょう》はあるが、賃金《ちんぎん》が下がったことで現地《げんち》の物価《ぶっか》は下がっている。

6 渡航費《とこうひ》や滞在費《たいざいひ》の高騰《こうとう》が続《つづ》く中、多くの学生が留学《りゅうがく》しています。留学《りゅうがく》の意《い》義《ぎ》は、どのようなことにあると思いますか。あなたの考えを書きましょう。

留学《りゅうがく》するとしたらどこへ行きたいか、話し合ってみよう。

読解 2 入門チャレンジ

広《ひろ》島《しま》でG7サミット開《かい》催《さい》

「核《かく》兵《へい》器《き》のない世《せ》界《かい》」に向《む》け発《はっ》信《しん》

2023年5月5日掲載記事《けいさいきじ》を元に作成《さくせい》

2023年5月、主要《しゅよう》7カ国首脳会議《しゅのうかいぎ》（G7サミット）が被爆地《ひばくち》・広島《ひろしま》で開《ひら》かれた。サミットは自由《じゆう》や民主主義《みんしゅしゅぎ》、人権《じんけん》という基本的《きほんてき》価値《かち》を共有《きょうゆう》する7カ国の首脳《しゅのう》が国際情勢《こくさいじょうせい》を議論《ぎろん》するための枠組《わくぐ》みだ。

G7はフランス、アメリカ、イギリス、ドイツ、日本、イタリア、カナダの7カ国（議長国順《ぎちょうこくじゅん》）とヨーロッパ連合《れんごう》（EU）で構成《こうせい》される。サミットは毎年開《ひら》かれ、メンバー以外《いがい》の国や国際機関《こくさいきかん》が招待《しょうたい》されることもある。成果《せいか》は「共同声明《きょうどうせいめい》」といった文書にまとめられ、国際《こくさい》社会にアピールする。

議長国《ぎちょうこく》は交代《こうたい》で1月から1年間務《つと》める。自国でサミットや関係閣僚《かんけいかくりょう》会合を開《ひら》き、議論《ぎろん》をリードする。

初《はつ》のサミットは1975年、フランス・パリ郊外《こうがい》で開《ひら》かれた。参《さん》加《か》国はフランス、アメリカ、イギリス、西ドイツ（当時）、日本、イタリアの6カ国。1971年にアメリカのニクソン大統領《だいとうりょう》（当時）が金とドルの交換停止《こうかんていし》を発表《はっぴょう》、73年には第《だい》1次*石油危機《せきゆきき》が起《お》こるなど世界経済《せかいけいざい》の混乱《こんらん》があり、主要《しゅよう》国で経済《けいざい》や貿易《ぼうえき》、エネルギーなどについて議論《ぎろん》する必要《ひつよう》があるという考えが広がり、開催《かいさい》された。第《だい》2回の1976年からはカナダ、77年からはEUの前身《ぜんしん》である

●上の記事《きじ》を読んで後の問《と》いに答えましょう。

【G7サミット（主要《しゅよう》7カ国首脳会議《しゅのうかいぎ》）】
世界《せかい》の主要《しゅよう》な7カ国とヨーロッパ連合《れんごう》(EU)の首脳《しゅのう》が集《あつ》まって、毎年開《ひら》かれる国際会議《こくさいかいぎ》だよ。世界経済《せかいけいざい》など国際的《こくさいてき》な課題《かだい》について意見《いけん》を交《か》わすんだ。G7は「Group of Seven」の略《りゃく》で、サミットは英語《えいご》で「頂上《ちょうじょう》」の意味《いみ》だよ。

1 G7サミットに参加《さんか》する7カ国は、どのような価値《かち》を共有《きょうゆう》していますか。記事《きじ》を参考《さんこう》に書きましょう。

2 G7サミットについて説明《せつめい》した次《つぎ》の文章《ぶんしょう》の□に当てはまる言葉《ことば》を、記《き》事中《じ》から抜《ぬ》き出《だ》しましょう。

7カ国の首脳《しゅのう》が集《あつ》まって□を議論《ぎろん》し、議論《ぎろん》の成果《せいか》は□にまとめられる。□は交代《こうたい》で1月から1年間務《つと》め、自国でサミットを開《ひら》く。

3 サミットが開《ひら》かれるようになった理由《りゆう》について、「世界経済《せかいけいざい》」という言葉《ことば》を使《つか》って、記事《きじ》を参考《さんこう》に書きましょう。

- イ によるウクライナ侵攻《しんこう》
- ウクライナへの支援《しえん》
- 「グローバルサウス」と呼《よ》ばれる新興国《しんこうこく》・途上国《とじょうこく》との連携強化《れんけいきょうか》
- 「 ウ のない世界《せかい》」への道筋《みちすじ》
- 軍事《ぐんじ》・経済《けいざい》で威圧《いあつ》を強める中国への対応《たいおう》
- 法《ほう》の支配《しはい》に基《もと》づく「自由《じゆう》で開《ひら》かれたインド太平洋《たいへいよう》」の実現《じつげん》

このほか、世界経済《せかいけいざい》や経済安全保障《けいざいあんぜんほしょう》、気候変動《きこうへんどう》、エネルギー、ジェンダー平等《びょうどう》、人工知能《ちのう》(AI)などもテーマに

〈2023年5月5日掲載図表《けいさいずひょう》を改定《かいてい》〉

ヨーロッパ共同体《きょうどうたい》（EC）が加《くわ》わった。＊冷戦《れいせん》後の94年にはロシアがサミットの一部《いちぶ》の討議《とうぎ》に参加《さんか》するようになったが、2014年、ロシアはウクライナ領《りょう》のクリミア半島《はんとう》を一方的《てき》に併合《へいごう》。7カ国がロシアの参加《さんか》を停止《ていし》した。

サミットでの議題《ぎだい》は、そのときの国際情勢《こくさいじょうせい》などによって決《き》まる。1970年代《ねんだい》はエネルギー問題《もんだい》、80年代《ねんだい》は東西対立《たいりつ》、90年代《ねんだい》はグローバル化《か》、2000年代《ねんだい》に入ると世界経済《せかいけいざい》や気候変動《きこうへんどう》、地域情勢《ちいきじょうせい》などが議論《ぎろん》されてきた。

G7サミットが日本で初《はじ》めて開《ひら》かれたのは1979年で、今回は7回目。1～3回目は東京・元赤坂《もとあかさか》の迎賓館《げいひんかん》が主《しゅ》会場だったが、2000年の「九州《きゅうしゅう》・沖縄《おきなわ》サミット」で初《はじ》めて東京以外《いがい》の開催《かいさい》となった。近年、開催場所《かいさいばしょ》は時の首相《しゅしょう》の意向《いこう》が強く表《あらわ》れるようになった。

今回、岸田文雄首相《きしだふみおしゅしょう》は地元・広島《ひろしま》を選《えら》んだ。最大《さいだい》のテーマはロシアによるウクライナ侵攻《しんこう》。そして、自身《じしん》のライフワークでもある「核兵器《かくへいき》のない世界《せかい》」に向《む》けたメッセージを発信《はっしん》する狙《ねら》いがあった。

＊石油危機《せきゆきき》…中東の産油《さんゆ》国が原油《げんゆ》の生産量《せいさんりょう》を減《へ》らし、価格《かかく》を大幅《おおはば》に引き上げたことで、先進諸国《せんしんしょこく》で起《お》こった経済的混乱《けいざいてきこんらん》のこと。1973年と79年の2回起《お》きた。

＊冷戦《れいせん》…アメリカ（資本主義《しほんしゅぎ》）とソ連《れん》（共産主義《きょうさんしゅぎ》）、及《およ》びそれぞれの同盟《どうめい》国が武力《ぶりょく》は使《つか》わずに激《はげ》しく対立《たいりつ》していた状態《じょうたい》を指《さ》す。40年以上続《いじょうつづ》いた。

調べよう 被爆地《ひばくち》／枠組《わくぐ》み／閣僚《かくりょう》／併合《へいごう》／グローバル化《か》／気候変動《きこうへんどう》

4 サミットの説明《せつめい》として正しいものを、次《つぎ》のア～エから一つ選《えら》び、（　）の中に○を書きましょう。

ア（　）議題《ぎだい》は国際情勢《こくさいじょうせい》などによって決《き》まり、1990年代《ねんだい》は東西対立《たいりつ》、2000年代《ねんだい》はグローバル化《か》などが議論《ぎろん》されてきた。

イ（　）1994年からロシアはサミットの一部《いちぶ》に参加《さんか》していたが、クリミア半島《はんとう》を一方的《てき》に併合《へいごう》したことで参加《さんか》が停止《ていし》された。

ウ（　）初《はじ》めてのサミットは1975年にフランスで開《ひら》かれ、参加《さんか》国は西ドイツやソ連《れん》など7カ国だった。

エ（　）G7サミットが日本で開《ひら》かれるのは2023年で6回目になり、各国首脳《かっこくしゅのう》の意向《いこう》によって広島《ひろしま》が開催場所《かいさいばしょ》に選《えら》ばれた。

5 記事《きじ》中の図表《ずひょう》のア～ウに当てはまる言葉《ことば》を、それぞれ記事《きじ》中から抜《ぬ》き出《だ》しましょう。

ア［　　　　］

イ［　　　　］

ウ［　　　　］

6 今後のG7サミットでは、どのようなことを話し合うべきだと思いますか。あなたの考えを書きましょう。

［　　　　］

海外で行われたG7サミットの開催場所《かいさいばしょ》を調《しら》べてみよう。

生《せい》成《せい》ＡＩ　学校での使《し》用《よう》

教《きょう》員《いん》のリテラシー不《ぶ》足《そく》が課《か》題《だい》

2023年7月5日掲載記事《けいさいきじ》を元に作成《さくせい》

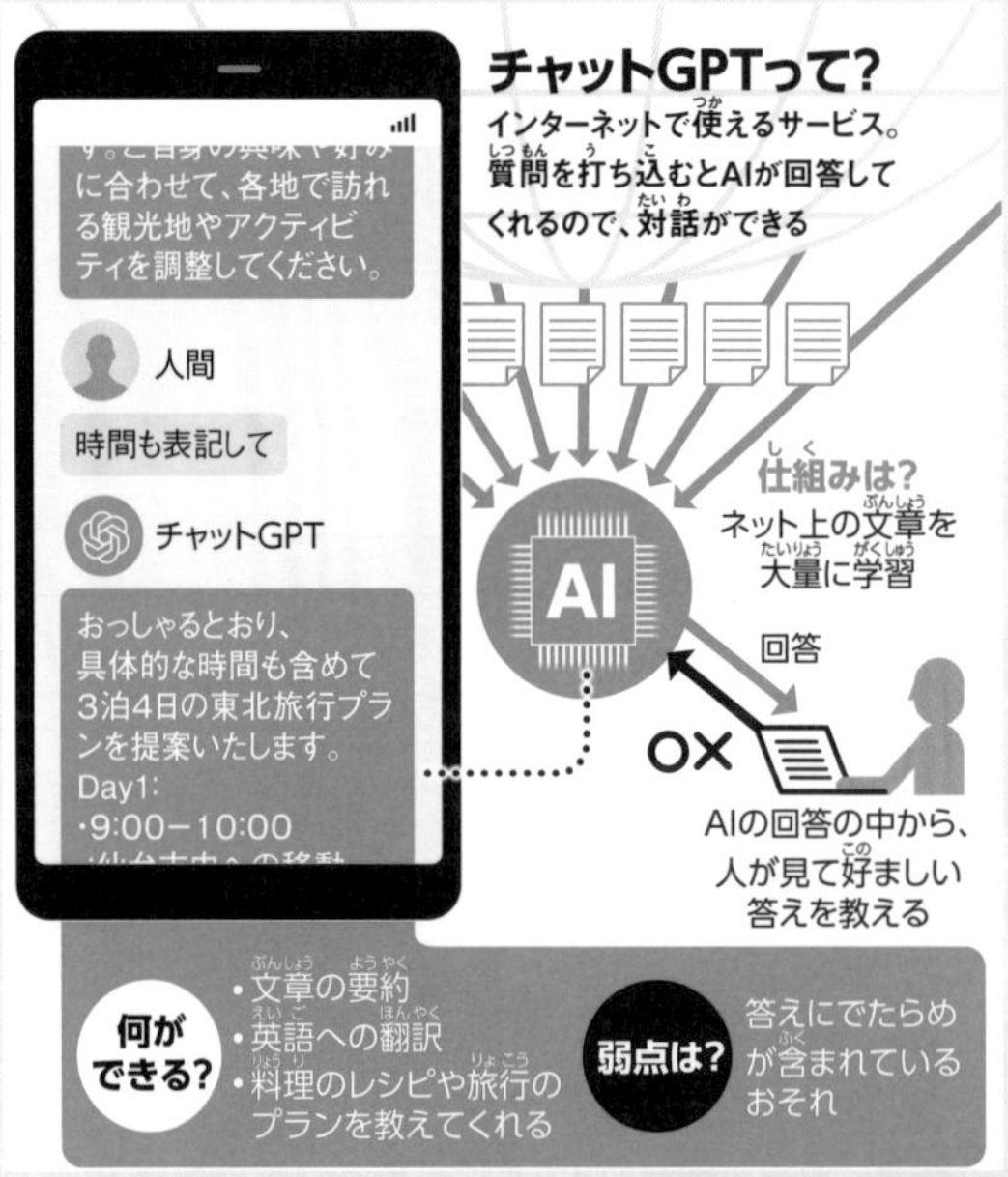

〈2023年6月3日掲載《けいさい》〉

文章《ぶんしょう》や画像《がぞう》を自動《じどう》的《てき》に作り出す「生成《せいせい》ＡＩ（人工知能《ちのう》）」について、文部《もんぶ》科学省《しょう》は2023年7月、学校で使《つか》う際《さい》の留意《りゅうい》点をまとめたガイドライン（指針《ししん》）を公《こう》表《ひょう》した。

指針《ししん》は国公私立《こっこうしりつ》の小学校～高校向《む》け。「基本的《きほんてき》な考え方」として、「生成《せいせい》ＡＩを近い将来使《しょうらいつか》いこなすための力を意識《いしき》的《てき》に育《そだ》てる姿勢《しせい》は重要《じゅうよう》」とした。そのうえで、生成《せいせい》ＡＩにすべてを委《ゆだ》ねるのではなく、自分の判断《はんだん》や考えが重要《じゅうよう》であることを子どもたちに理解《りかい》させることが必要《ひつよう》だと強調《きょうちょう》。子どもの発達《はったつ》の段階《だんかい》を踏《ふ》まえて利用《りよう》が効果的《こうかてき》かを考慮《こうりょ》すべきだとし、特《とく》に小学校段階《だんかい》で使《つか》わせることには慎重《しんちょう》な対応《たいおう》が必要《ひつよう》とした。

適切《てきせつ》ではない使《つか》い方として、夏休みの課題《かだい》などで生成《せいせい》ＡＩに作らせたものをそのまま自分の成果物《せいかぶつ》として提出《ていしゅつ》することなどを例示《れいじ》。適切《てきせつ》な活用例《れい》としては、生成《せいせい》ＡＩがつくった誤《あやま》りを含《ふく》む回答を教材《きょうざい》にして、その性質《せいしつ》や限界《げんかい》を

● 上の記事《きじ》を読んで後の問《と》いに答えましょう。

1 生成《せいせい》ＡＩを学校で使《つか》う際《さい》の留意《りゅうい》点をまとめた指針《ししん》は、子どもたちに何を理《り》解《かい》させることが必要《ひつよう》だとしていますか。記事《きじ》を参考《さんこう》に書きましょう。

2 指針《ししん》が例示《れいじ》した生成《せいせい》ＡＩの適切《てきせつ》ではない使《つか》い方と適切《てきせつ》な活用例《れい》について、それぞれ記事《きじ》を参考《さんこう》に説明《せつめい》しましょう。

● 適切《てきせつ》ではない使《つか》い方

● 適切《てきせつ》な活用例《れい》

3 チャットGPTを使《つか》ううえで、どのようなことに気をつける必要《ひつよう》がありますか。記事《きじ》中の図表《ずひょう》から読《よ》み取《と》れることを書きましょう。

生徒《せいと》に学んでもらうことなどを挙《あ》げた。全《すべ》ての学校で、情報《じょうほう》の真偽《しんぎ》を確《たし》かめる「ファクトチェック」の習慣《しゅうかん》づけも含《ふく》めた教育《きょういく》の充実《じゅうじつ》も必要《ひつよう》とうたった。

すでに指針《ししん》を先取《さきど》りする形で生成《せいせい》AIを積極的《せっきょくてき》に活用する学校がある。石川県加賀《けんかが》市の市立橋立《はしたて》中学校では、2023年6月、2年生の総合学習《そうごうがくしゅう》で、「加賀《かが》市を魅力《みりょく》ある街《まち》にする」というテーマで街《まち》づくりの計画書を作る授業《じゅぎょう》が行われた。生徒《せいと》は3～4人の班《はん》に分かれ、*チャットGPTから得《え》られる原案《げんあん》を活用しながら計画書を作成《さくせい》した。

この授業《じゅぎょう》を行った①教諭《きょうゆ》は、同年春からチャットGPTを使《つか》った授業《じゅぎょう》を始《はじ》め、この日が6回目。「生成《せいせい》AIが子どもたちの生活に入ってくることはもう止められない。生成《せいせい》AIを使《つか》うと人間は思考を停止《ていし》すると言う人もいるが、適切《てきせつ》な答えを引き出すために考える力が必要《ひつよう》で、そこを教えるのが大事《だいじ》」と話す。出た回答をそのまま成果物《せいかぶつ》としないことや、回答に誤《あやま》りがないか確認《かくにん》して自分の言葉《ことば》でまとめる重要性《じゅうようせい》についても指導《しどう》してきた。

一方、授業《じゅぎょう》で生成《せいせい》AIを使《つか》うような先進的《せんしんてき》な取《と》り組《く》みは、まだ一部《いちぶ》にとどまる。②中国地方の私立《しりつ》中高一貫《いっかん》校の教員《きょういん》は「自分で生成《せいせい》AIを使《つか》ったことがなく、利点《りてん》や欠点《けってん》をよく知らないなかで指導《しどう》するのが不安《ふあん》」と打《う》ち明《あ》ける。指針《ししん》は教員《きょういん》にも「一定《いってい》のAI *リテラシー（使《つか》いこなす能力《のうりょく》）」を持《も》つよう求《もと》めているが、多忙《たぼう》で自分がAIについて学ぶ時間は限《かぎ》られているという。

指針《ししん》は夏休みの課題《かだい》について、生成《せいせい》AIの使用《しよう》を一部《いちぶ》認《みと》めた。この点を疑《ぎ》問視《もんし》する声もある。東京都内《とない》のある区立《くりつ》中学校の校長は「宿題《しゅくだい》は全《すべ》て自分の頭で考えてもらう想定《そうてい》で出している。一部《いちぶ》にでも使《つか》うと学習効果《がくしゅうこうか》が十分にならないのでは」と懸念《けねん》する。課題《かだい》を出す際《さい》には自分の力を伸《の》ばすという目的《もくてき》を強調《きょうちょう》するつもりだという。

*チャットGPT…生成《せいせい》AIを使《つか》ったチャット（インターネット上で即時《そくじ》に行われる対話《たいわ》）サービス。質問《しつもん》に対《たい》して、AIが人間のように自然《しぜん》な言葉《ことば》で回答をする。

*リテラシー…ある分野に関《かん》する知識《ちしき》や、それを活用する能力《のうりょく》。

調べよう 留意《りゅうい》／ガイドライン／成果物《せいかぶつ》／真偽《しんぎ》／ファクトチェック

4 生成《せいせい》AIに対《たい》する市立橋立《はしたて》中学校の――①「教諭《きょうゆ》」の考えについてまとめた次《つぎ》の文の□に当てはまる言葉《ことば》を、記事《きじ》中から抜《ぬ》き出しましょう。

適切《てきせつ》な答えを引き出すためには□が必要《ひつよう》で、出た回答をそのまま成果物《せいかぶつ》とせず、回答に□がないか確認《かくにん》して□でまとめることが重要《じゅうよう》になる。

5 ――②「中国地方の私立《しりつ》中高一貫《いっかん》校の教員《きょういん》」は、授業《じゅぎょう》での生成《せいせい》AIの使用《しよう》に関《かん》して、どのようなことに不安《ふあん》を感《かん》じていますか。記事《きじ》を参考《さんこう》に書きましょう。

6 学校の宿題《しゅくだい》や夏休みの課題《かだい》に生成《せいせい》AIを使《つか》うことについてどう思うか、あなたの考えを書きましょう。

生成《せいせい》AIでどんなことができるか、調《しら》べてみよう。

読解 4

感染症危機管理統括庁《かんせんしょうききかんりとうかつちょう》が発足《ほっそく》

【新型《しんがた》コロナウイルス】
感染症《かんせんしょう》を引き起《お》こすウイルスだよ。2019年12月に中国の武漢市《ぶかんし》で発生《はっせい》が確認《かくにん》された新型《しんがた》コロナウイルスは日本を含《ふく》めた世界《せかい》中に広がって、多くの感染者《かんせんしゃ》・死者《ししゃ》を出したんだ。変異《へんい》を繰《く》り返《かえ》して、2023年10月時点でも終息《しゅうそく》していないよ。

次《つぎ》の感染症危機《かんせんしょうきき》に備《そな》える

2023年9月1日掲載記事《けいさいきじ》を元に作成《さくせい》

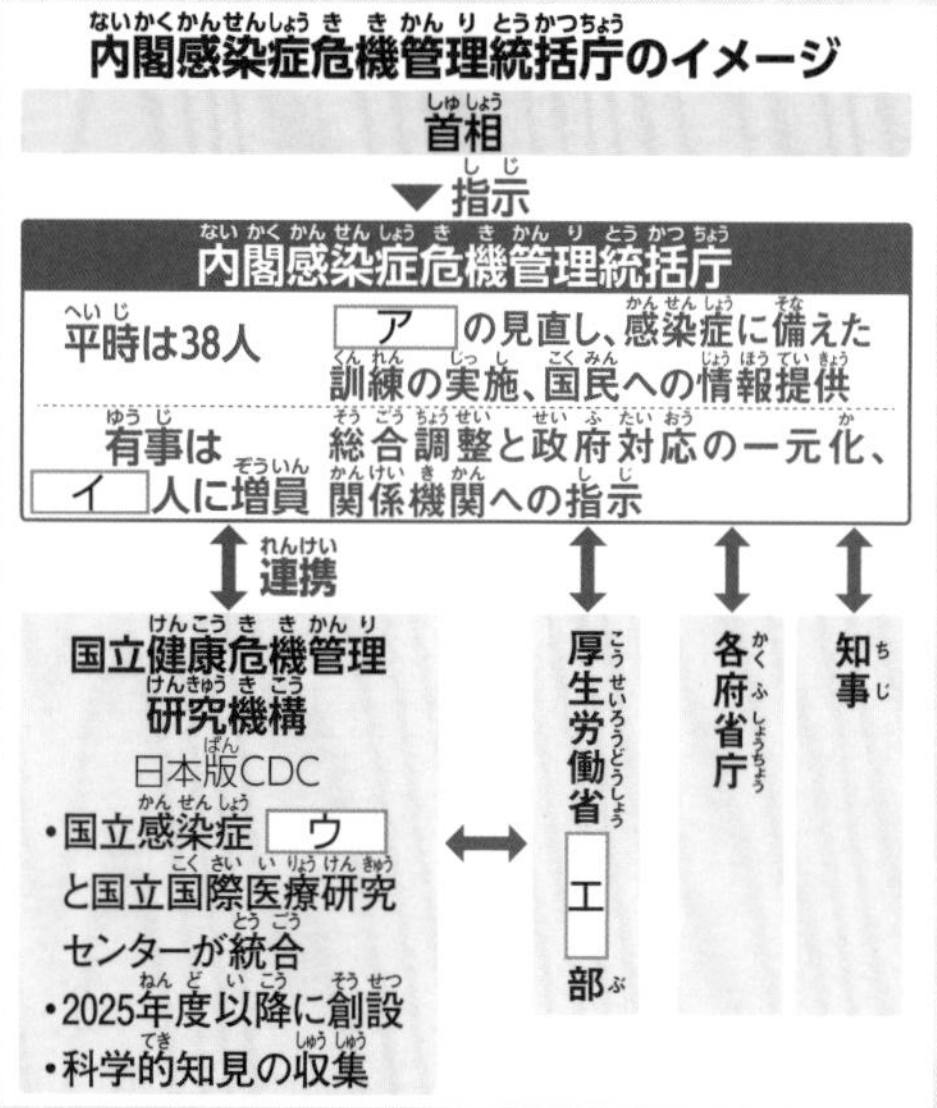

〈2023年9月1日掲載《けいさい》〉

2023年9月、政府《せいふ》の感染症対応《かんせんしょうたいおう》の司令塔《しれいとう》となる「内閣感染症危機管理統括庁《ないかくかんせんしょうききかんりとうかつちょう》」が発足《ほっそく》した。新型《しんがた》コロナウイルス対応《たいおう》の反省《はんせい》をふまえ、省庁《しょうちょう》や関係機関《かんけいきかん》とのやりとりを一つにまとめる。行動計画の見直しや訓練《くんれん》などを通じて、次《つぎ》の感染症危機《かんせんしょうきき》に備《そな》える。平時《へいじ》は38人の専従職員《せんじゅうしょくいん》で構成《こうせい》され、有事《ゆうじ》（非常事態《ひじょうじたい》が起《お》きたとき）は各省庁《かくしょうちょう》から職員《しょくいん》が加《くわ》わり、101人に増員《ぞういん》される。

新型《しんがた》コロナの初動対応《しょどうたいおう》では様々《さまざま》な問題《もんだい》が明らかになった。検査《けんさ》が十分に受《う》けられなかったり、保健所《ほけんじょ》に電話がつながらなかったりする事態《じたい》が発生《はっせい》した。専門的《せんもんてき》な治療《ちりょう》が必要《ひつよう》な重症者《じゅうしょうしゃ》が入院《にゅういん》できない事例《じれい》も少なくなかった。ワクチン開発《かいはつ》も海外から大きく後《おく》れをとった。このほか、空港《くうこう》での水際対策《みずぎわたいさく》や一斉《いっせい》休校による混乱《こんらん》、*緊急事態宣言《きんきゅうじたいせんげん》などに伴《ともな》う飲食《いんしょく》店への休業要請《きゅうぎょうようせい》などでも関係者《かんけいしゃ》は振《ふ》り回《まわ》された。

*2009年の新型《しんがた》インフルエンザの流行《りゅうこう》をまとめた報告《ほうこく》書では、「突然《とつぜん》の

●上の記事《きじ》を読んで後の問《と》いに答えましょう。

1 内閣感染症危機管理統括庁《ないかくかんせんしょうききかんりとうかつちょう》とは、どのような組織《そしき》ですか。「司令塔《しれいとう》」「関係《かんけい》機関《きかん》」という言葉《ことば》を使《つか》って、記事《きじ》を参考《さんこう》に説明《せつめい》しましょう。

2 新型《しんがた》コロナの初動対応《しょどうたいおう》で起《お》きた問題《もんだい》をまとめた次《つぎ》の文章《ぶんしょう》の□に当てはまる言葉《ことば》を、記事《きじ》中から抜《ぬ》き出《だ》しましょう。

□に電話がつながらず、□が入院《にゅういん》できない事例《じれい》も多く発生《はっせい》した。□開発《かいはつ》も遅《おく》れ、空港《くうこう》での水際対策《みずぎわたいさく》や飲食《いんしょく》店への□で混乱《こんらん》があった。

3 内閣感染症危機管理統括庁《ないかくかんせんしょうききかんりとうかつちょう》は、何をすることが想定《そうてい》されていますか。次《つぎ》に挙げる言葉《ことば》を使《つか》って、それぞれ記事《きじ》を参考《さんこう》に説明《せつめい》しましょう。

●縦割《たてわ》り

「大規模な集団発生に対応するための具体的な行動計画がなかった」と、平時の準備不足《じゅんびぶそく》が指摘《してき》されていた。それなのに、その教訓《きょうくん》は生かされなかった。

こうした反省《はんせい》をふまえ、統括庁《とうかつちょう》は各省庁《かくしょうちょう》の縦割《たてわ》りをなくし、平時《へいじ》から国民《こくみん》生活に関《かか》わる幅広《はばひろ》い分野の対策《たいさく》にあたる。２０１３年に策定《さくてい》した「新型《しんがた》インフルエンザ等対策政府行動計画《とうたいさくせいふこうどう》」を改定《かいてい》し、医療提供体制《いりょうていきょうたいせい》やワクチン開発《かいはつ》のほか、感染対策《かんせんたいさく》と経済活動《けいざいかつどう》との両立《りょうりつ》などについて見直しを進《すす》める。

政策判断《せいさくはんだん》のための科学的《てき》な根拠《こんきょ》を速《すみ》やかに集《あつ》め、政府《せいふ》に提供《ていきょう》する仕組《しく》みも強化《きょうか》する。国立感染症研究所《かんせんしょうけんきゅうじょ》と、国立国際医療研究《こくさいいりょうけんきゅう》センターを統合《とうごう》した「国立健康危機管理研究機構《けんこうききかんりけんきゅうきこう》（日本版《ばん》ＣＤＣ）」が２０２５年度以降《ねんどいこう》に発足《ほっそく》。病原体《びょうげん》の情報《じょうほう》をつかみ、政府《せいふ》に情報《じょうほう》や知見を提供《ていきょう》する役割《やくわり》を担《にな》う。

統括庁《とうかつちょう》の発足《ほっそく》に伴《ともな》って廃止《はいし》された新型《しんがた》コロナ対策《たいさく》分科会の元会長は「新型《しんがた》コロナ対応《たいおう》では、自治体《じちたい》や医療現場《いりょうげんば》にある感染症《かんせんしょう》の疫学情報《えきがくじょうほう》がなかなか国に届《とど》かなかった。国として個人情報《こじんじょうほう》やデジタル化の課題《かだい》に取《と》り組《く》む必要《ひつよう》がある。また、地域《ちいき》の疫学情報《えきがくじょうほう》を分析《ぶんせき》する専門《せんもん》家の育成《いくせい》にも力を入れるべきだ」と指《し》摘《てき》する。

医療機関《いりょうきかん》などを所管《しょかん》し感染症対策《かんせんしょうたいさく》の要《かなめ》となる厚生労働省《こうせいろうどうしょう》も、統括庁《とうかつちょう》と同じ日に感染症対策部《かんせんしょうたいさくぶ》を新設《しんせつ》した。複数《ふくすう》の部局《ぶきょく》にまたがっていた感染症対応《かんせんしょうたいおう》や危機管理《ききかんり》に関《かん》する組織《そしき》を統合《とうごう》。統括庁《とうかつちょう》と連携《れんけい》し、分析《ぶんせき》や検査《けんさ》、予防接種《よぼうせっしゅ》や保健所《ほけんじょ》の指導《しどう》などについて、感染症危機《かんせんしょうきき》への準備《じゅんび》を進《すす》める。

元会長は「今後もコロナのようなパンデミックは高い頻度《ひんど》でやってくるという前提《ぜんてい》で、医療制度《いりょうせいど》の構造的《こうぞうてき》な問題《もんだい》への対応《たいおう》も必要《ひつよう》だ」とする。

＊緊急事態宣言《きんきゅうじたいせんげん》…緊急事態《きんきゅうじたい》によって国民《こくみん》の生活や経済《けいざい》に大きな影響《えいきょう》が出る恐《おそ》れがある場合に首相《しゅしょう》が宣言《せんげん》し、対象《たいしょう》となった都道府県《とどうふけん》の知事《ちじ》は外出の自粛《じしゅく》などを要請《ようせい》する。新型《しんがた》コロナウイルス感染症《かんせんしょう》の広がりを抑《おさ》えるため、２０２１年までに4回出された。

＊２００９年の新型《しんがた》インフルエンザ…２００９年から２０１０年にかけて、日本を含《ふく》めた世界《せかい》中で新種《しんしゅ》のインフルエンザウイルスの感染《かんせん》が流行《りゅうこう》したこと。

調べよう 司令塔《しれいとう》／専従《せんじゅう》／初動対応《しょどうたいおう》／水際対策《みずぎわたいさく》／縦割《たてわ》り／ＣＤＣ／疫学《えきがく》／所管《しょかん》／パンデミック

●見直し

4 ２０２５年度《ねんど》以降《いこう》に発足予定《ほっそくよてい》の国立健康危機管理研究機構《けんこうききかんりけんきゅうきこう》は、どのような役割《やくわり》を担《にな》いますか。記事《きじ》を参考《さんこう》に書きましょう。

5 記事《きじ》中の図表《ずひょう》のア～エに当てはまる数字や言葉《ことば》を、それぞれ記事《きじ》中から抜《ぬ》き出しましょう。

ア

イ

ウ

エ

6 今後も起《お》こりうる感染症《かんせんしょう》の流行《りゅうこう》に対《たい》して、国や自治体《じちたい》はどのように備《そな》えておくべきだと思いますか。あなたの考えを書きましょう。

外国の感染症対策《かんせんしょうたいさく》の組織《そしき》について調《しら》べてみよう。

読解 5

7月の平《へい》均《きん》気《き》温《おん》 観《かん》測《そく》史《し》上《じょう》最《さい》高《こう》

地《ち》球《きゅう》温《おん》暖《だん》化《か》の影《えい》響《きょう》

2023年8月2日掲載記事《けいさいきじ》を元に作成《さくせい》

2023年の7月は日本の観測史上《かんそくしじょう》、最《もっと》も平均気温《へいきんきおん》が高かったことが、気象庁《きしょうちょう》の観測《かんそく》データの分析《ぶんせき》から分かった。地球《ちきゅう》温暖化《おんだんか》の影響《えいきょう》で気温《きおん》が上がりやすくなっていたことに加《くわ》え、7月下旬《げじゅん》にフィリピン周辺《しゅうへん》を台風が立て続けに通過し、太平《たいへい》洋《よう》高気《き》圧《あつ》の勢力《せいりょく》が強まって気温《きおん》が上がったとみられる。

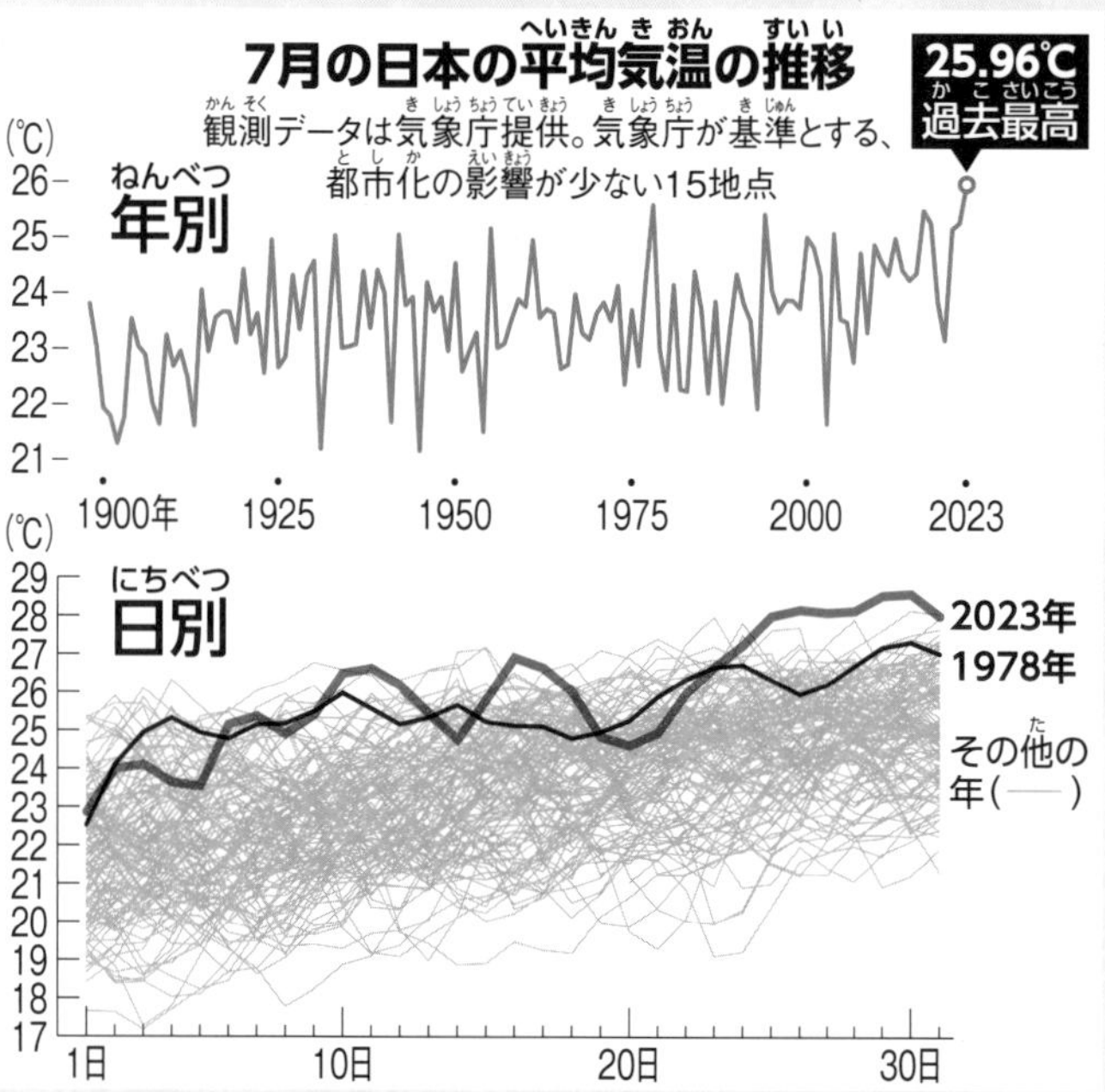

〈2023年8月2日掲載《けいさい》〉

気象庁《きしょうちょう》は全国《ぜんこく》で観測《かんそく》した1時間ごとの気温《きおん》を平均《へいきん》し、その日の平均気温《へいきんきおん》として公開《こうかい》している。朝日新聞はこのうち、気象庁《きしょうちょう》が国内の平均気温《へいきんきおん》の基準《きじゅん》としている15の観測所《かんそくじょ》について、気象庁《きしょうちょう》の専門《せんもん》家の監修《かんしゅう》のもと、データがある1898年以降《いこう》の7月1～31日の平均気温《へいきんきおん》から各年《かくねん》の7月の平均気温《へいきんきおん》を出した。

その結果《けっか》、2023年7月の平均気温《へいきんきおん》は25・96度《ど》だった。7月上旬《じょうじゅん》は24度《ど》前後でそこまで暑《あつ》くなかったが、10日ごろから26度《ど》を超《こ》える日が相次《あいつ》いだ。これまでで最《もっと》も暑《あつ》かった1978年7月の平均気温《へいきんきおん》は25・58度《ど》。2023年は45年ぶりに記《き》録《ろく》を更新《こうしん》した。

熱中症《ねっちゅうしょう》の救急搬送《きゅうきゅうはんそう》も急増《きゅうぞう》している。総《そう》務省消防庁《むしょうしょうぼうちょう》の速報値《そくほうち》では、7月3～30日の4週間で、全国《ぜんこく》の搬送《はんそう》数は3万3千人に達《たっ》した。

この126年で、7月の平均気温《へいきんきおん》は1・5度《ど》ほど上がった。特《とく》に2000年以降《いこう》は気温《きおん》の上がり方が急激《きゅうげき》になっている。最高気温《さいこうきおん》が35度《ど》以上《いじょう》の*猛暑《もうしょ》日は、1920年ごろまではゼロの年もあったが、2000年ごろから急《きゅう》に増《ふ》え始《はじ》めた。

都市部《としぶ》はさらに激《はげ》しい。東京都千代田《とちよだ》区《く》と名古屋《なごや》市千種《ちくさ》区、大阪《おおさか》市中央区《ちゅうおうく》、福《ふく》岡《おか》市中央区《ちゅうおうく》の4観測所《かんそくじょ》を調《しら》べたところ、2023年7月の平均気温《へいきんきおん》は28・84度《ど》。この126年で2・3度上がった。専門《せんもん》家や気象庁《きしょうちょう》は「猛暑《もうしょ》を底上《そこあ》げしているのが温暖化《おんだんか》なのは間違《まちが》いない」と指摘《してき》する。

猛暑《もうしょ》は日本だけでなく世界各地《せかいかくち》を襲《おそ》っている。国連《こくれん》のグテーレス事務総長《じむそうちょう》は「地球温暖化《ちきゅうおんだんか》の時代《じだい》は終《お》わり、地球沸騰《ちきゅうふっとう》の時代《じだい》が来た」と強調《きょうちょう》した。

世界気象機関《せかいきしょうきかん》（WMO）とヨーロッパ連合《れんごう》（EU）の気象情報機関《きしょうじょうほうきかん》「コペルニクス気候変動《きこうへんどう》サービス（C3S）」は2023年7月、同月の世界《せかい》の平均気温《へいきんきおん》が観《かん》測史上最《そくしじょうもっと》も高くなる見込《みこ》みだと発表《はっぴょう》した。

温暖化《おんだんか》の原因《げんいん》は、化石燃料《かせきねんりょう》を燃《も》やすことで出る温室効果《おんしつこうか》ガスだ。

1992年に採択《さいたく》された*気候変動枠《きこうへんどうわく》組《ぐ》み条約《じょうやく》では「大気中の温室効果《おんしつこうか》ガスの濃度《のうど》を安定化《あんていか》させる」とうたうが、30年以上《いじょう》たった今も、排出量《はいしゅつりょう》は増《ふ》え続《つづ》けている。排出量《はいしゅつりょう》の8割《わり》を占《し》めるのが日本や中国、アメリカなどを含《ふく》む主要《しゅよう》20カ国・地《ち》域《いき》（G20）だ。

世界《せかい》は、産業革命《さんぎょうかくめい》前からの気温上昇《きおんじょうしょう》を1・5度《ど》に抑《おさ》える目標《もくひょう》を掲《かか》げる。2023年3月の国連気候変動《こくれんきこうへんどう》に関《かん》する政府《せいふ》間パネル（IPCC）の報告《ほうこく》書では、そのために排出《はいしゅつ》を2035年までに60%減《へ》らす必要《ひつよう》があると報告《ほうこく》。実現可能《じつげんかのう》で効果的《こうかてき》な対策《たいさく》は「すでに利用可能《りようかのう》だ」とした。

しかし、同年7月にインドで開《ひら》かれたG20のエネルギー相《しょう》会合や環境相《かんきょうしょう》会合で

地球全体《ちきゅうぜんたい》の平均気温《へいきんきおん》が上がることだよ。石炭《せきたん》や石油《せきゆ》などの化石燃料《かせきねんりょう》を大量《たいりょう》に使《つか》うようになって、二酸化炭素《にさんかたんそ》やメタンなどの温室効果《おんしつこうか》ガスが大気中に増《ふ》え、熱《ねつ》を吸収《きゅうしゅう》して地球《ちきゅう》を温《あたた》める効果《こうか》が高まったことが原因《げんいん》と考えられているんだ。

は、2年続《つづ》けて共同声明《きょうどう》がまとまらなかった。ウクライナ侵攻《しんこう》後の先進諸国《せんしんしょこく》とロシアとの対立《たいりつ》に加《くわ》え、脱炭素《だったんそ》に向《む》けた先《せん》進《しん》国と新興《しんこう》国の姿勢《しせい》の違《ちが》いが原因《げんいん》だ。

関係者《かんけいしゃ》によると、環境相《かんきょうしょう》会合では主要《しゅよう》7カ国（G7）は2035年60%削減《さくげん》の必要性《ひつようせい》を強調《きょうちょう》したが、中国などが支持《しじ》しなかった。エネルギー相《しょう》会合では、化石《かせき》燃料《ねんりょう》の段階的廃止《だんかいてきはいし》や再生可能《さいせいかのう》エネルギーの容量《ようりょう》を2030年までに3倍《ばい》にする目《もく》標《ひょう》について合意《ごうい》できなかった。

現状《げんじょう》の各国《かっこく》の目標《もくひょう》を達成《たっせい》できても気温《きおん》は2・8度上昇《どじょうしょう》する可能性《かのうせい》が高い。イギリスの研究機関《けんきゅうきかん》は、「G20は目の前で起《お》きている気候変動《きこうへんどう》という非常事態《ひじょうじたい》に、リーダーシップを発揮《はっき》できていない」と指摘《してき》している。

*猛暑日《もうしょび》…最高気温《さいこうきおん》が35度以上《どいじょう》の日。最高気《さいこうき》温《おん》が25度《ど》以上《いじょう》の日は「夏日」、30度以《どい》上《じょう》の日は「真夏日《まなつび》」という。

*気候変動枠組《きこうへんどうわくぐ》み条約《じょうやく》…地球温暖化《ちきゅうおんだんか》を防《ふせ》ぐための国際的《こくさいてき》な取《と》り決《き》めを定《さだ》めた条約《じょうやく》。1992年に国連《こくれん》で採択《さいたく》された。

調べよう 高気圧《きあつ》／熱中症《ねっちゅうしょう》／温室《おんしつ》効果《こうか》ガス／産業革命《さんぎょうかくめい》／国連気候変動《こくれんきこうへんどう》に関《かん》する政府《せいふ》間パネル／脱炭素《だったんそ》／再《さい》生可能《せいかのう》エネルギー

●右の記事《きじ》を読んで後の問《と》いに答えましょう。

1 2023年7月の日本の平均《へいきん》気温《きおん》が、観測史上《かんそくしじょう》、最《もっと》も高かった原因《げんいん》は、どのようなことですか。二つの点に分けて、それぞれ記事《きじ》を参考《さんこう》に説明《せつめい》しましょう。

2 2023年7月の日本の平均《へいきん》気温《きおん》の推移《すいい》について、1978年と比《くら》べて言えることを、記事《きじ》中のグラフを参考《さんこう》に説明《せつめい》しましょう。

3 地球温暖化《ちきゅうおんだんか》の原因《げんいん》について、「排出量《はいしゅつりょう》」という言葉《ことば》を使《つか》って、記事《きじ》を参考《さんこう》に説明《せつめい》しましょう。

4 2023年のG20のエネルギー相《しょう》会合や環境相《かんきょうしょう》会合で共同《きょうどう》声明がまとまらなかった原因《げんいん》について、記事《きじ》を参考《さんこう》に書きましょう。

5 地球温暖化《ちきゅうおんだんか》を防《ふせ》ぐために、自分にはどのようなことができると思いますか。あなたの考えを書きましょう。

日本や世界《せかい》の平均《へいきん》気温《きおん》の変化《へんか》について調《しら》べてみよう。

思考 1

世《せ》界《かい》の情《じょう》勢《せい》

ロシアのウクライナ侵攻《しんこう》について、次《つぎ》の資料《しりょう》や会話文を参考《さんこう》に、後の問《と》いに答えましょう。

資料《しりょう》1

〈2023年7月12日掲載図表《けいさいずひょう》を改定《かいてい》〉

資料《しりょう》2

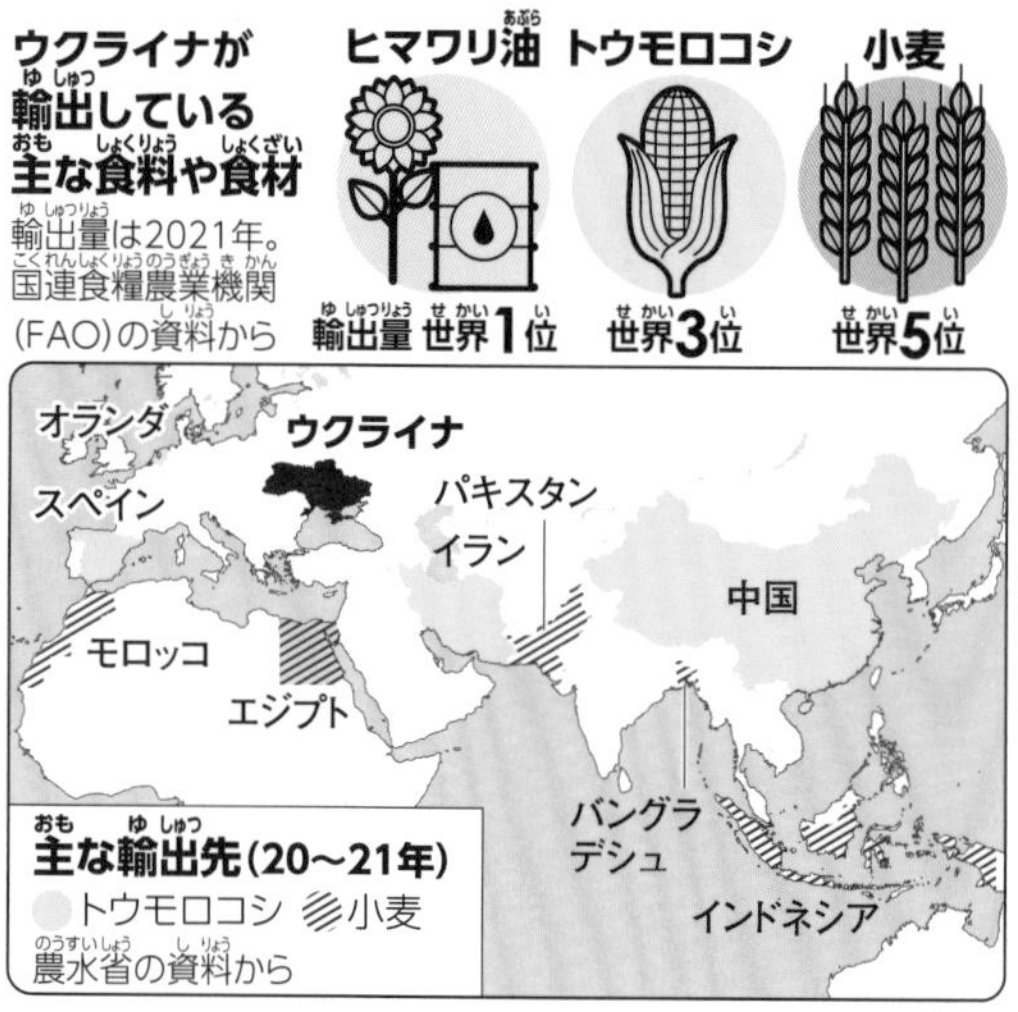

〈2023年7月19日掲載《けいさい》〉

＊NATO《ナトー》…アメリカやヨーロッパ諸国《しょこく》などが加盟《かめい》する国際軍事機構《こくさいぐんじきこう》。1949年、ソ連《れん》に対抗《たいこう》するために発足《ほっそく》した。

＊EU…ヨーロッパ連合《れんごう》。

＊牽制《けんせい》…相手《あいて》の注意《ちゅうい》を引きつけて、自由《じゆう》に行動《こうどう》させないこと。

＊GDP…国内総生産《そうせいさん》。一定《いってい》の期間《きかん》内に、その国の国内で生み出された物《もの》やサービスの付加価値《ふかかち》（生産《せいさん》によって加《くわ》えられた価値《かち》）の合計。

本木《もとき》先生

ロシアのウクライナ侵攻《しんこう》は、2023年10月時点でも続《つづ》いているね。自国だけの力では国を守《まも》れないウクライナは、以前《いぜん》から北大西洋条約機構《たいせいようじょうやくきこう》（NATO《ナトー》）への加盟《かめい》を希望《きぼう》してきた。でも、ロシアにとっては歴史的《れきしてき》、文化的《ぶんかてき》に関係《かんけい》が深《ふか》く、国境《こっきょう》を接《せっ》するウクライナが、自分たちと敵対《てきたい》するNATO《ナトー》に加盟《かめい》することは自国への脅威《きょうい》になる。軍事侵攻《ぐんじしんこう》の背景《はいけい》には、そんな事情《じじょう》もあったんだ。

山口《やまぐち》さん

NATO《ナトー》への加盟《かめい》は当面《とうめん》、難《むずか》しそうですね。軍事侵攻《ぐんじしんこう》は、軍事以外《ぐんじいがい》の面《めん》でも国際的《こくさいてき》な影響《えいきょう》があると聞きました。

本木《もとき》先生

ウクライナは穀物《こくもつ》の一大産地《さんち》だ。侵攻《しんこう》の影響《えいきょう》で輸出《ゆしゅつ》が滞《とどこお》り、世界的《せかいてき》に値段《ねだん》が上がれば、食料危機《しょくりょうきき》が悪化《あっか》しかねない。最《もっと》も影響《えいきょう》を受《う》けるのは経済《けいざい》力の弱い途上《とじょう》国だよ。

1 ウクライナのNATO《ナトー》加盟《かめい》に対《たい》するロシアとアメリカの姿勢《しせい》について、資料《しりょう》1と会話文を参考《さんこう》に説明《せつめい》しましょう。

2 ウクライナ侵攻《しんこう》は、世界《せかい》の食料事情《しょくりょうじじょう》にどのような影響《えいきょう》をもたらしますか。資料《しりょう》2と会話文を参考《さんこう》に説明《せつめい》しましょう。

2

国際《こくさい》社会の構図《こうず》とグローバルサウスについて、次の資料《しりょう》や会話文を参考《さんこう》に、後の問《と》いに答えましょう。

藤原《ふじわら》君：「グローバルサウス」という国々《くにぐに》が注目《ちゅうもく》されていますね。

本木《もとき》先生：アジアやアフリカなどの新興《しんこう》国・途上《とじょう》国のことだね。エネルギーや食料問題《しょくりょうもんだい》に直面《ちょくめん》している国も多く、ロシアのウクライナ侵攻《しんこう》に関《かん》しては批判《ひはん》を控《ひか》え、中国への経済《けいざい》依存《いぞん》に傾《かたむ》いているよ。一方で、インドやインドネシアなど経済成長《けいざいせいちょう》を続《つづ》けて先進諸国《せんしんしょこく》に並《なら》ぶ勢《いきお》いの国もあるんだ。

資料《しりょう》3 国際《こくさい》社会の構図《こうず》と連携《れんけい》の枠組《わくぐ》み

★…広島《ひろしま》で開《ひら》かれた主要《しゅよう》7カ国首脳会議《しゅのうかいぎ》（G7サミット）への招待《しょうたい》国

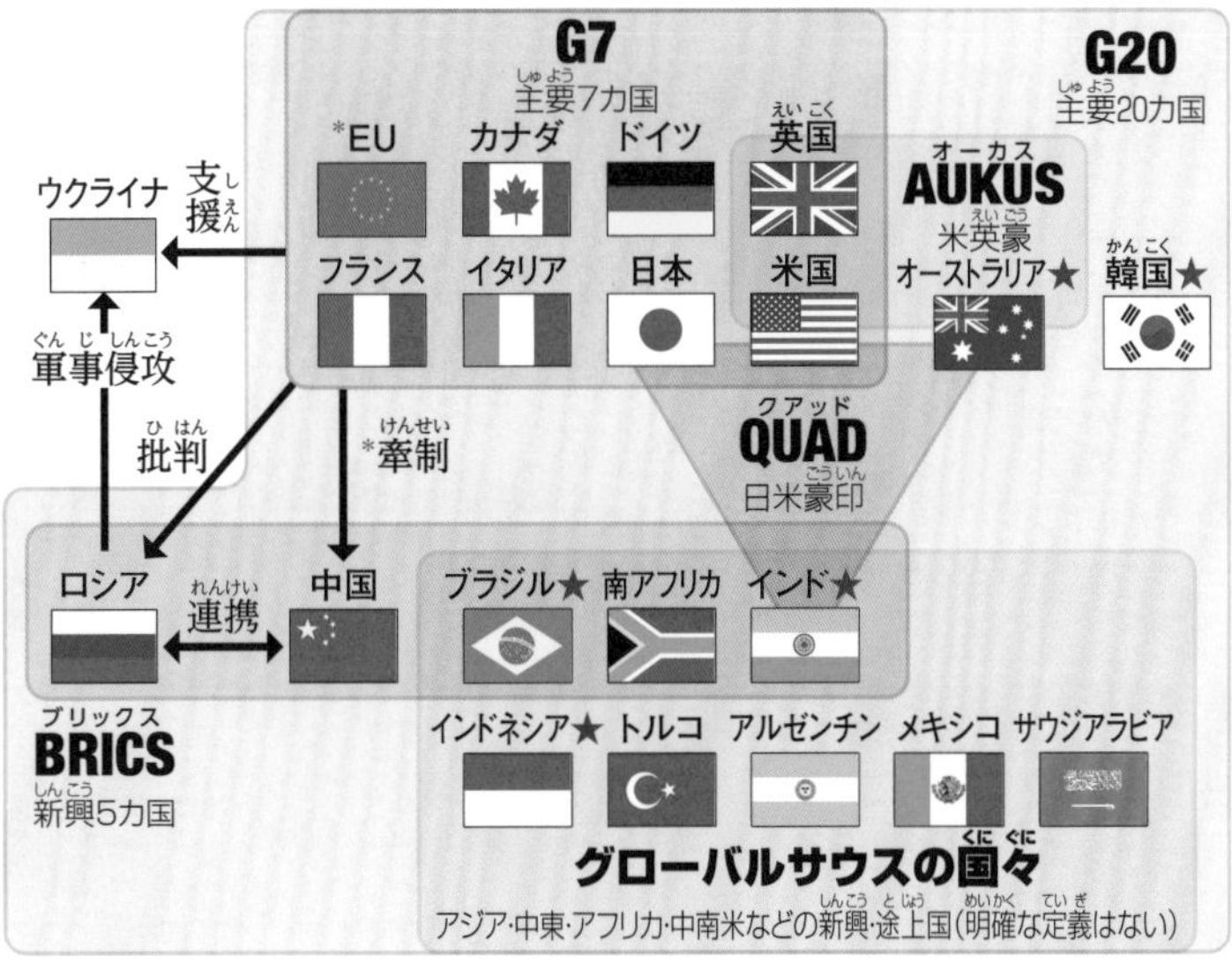

〈2023年5月19日掲載《けいさい》〉

資料《しりょう》4

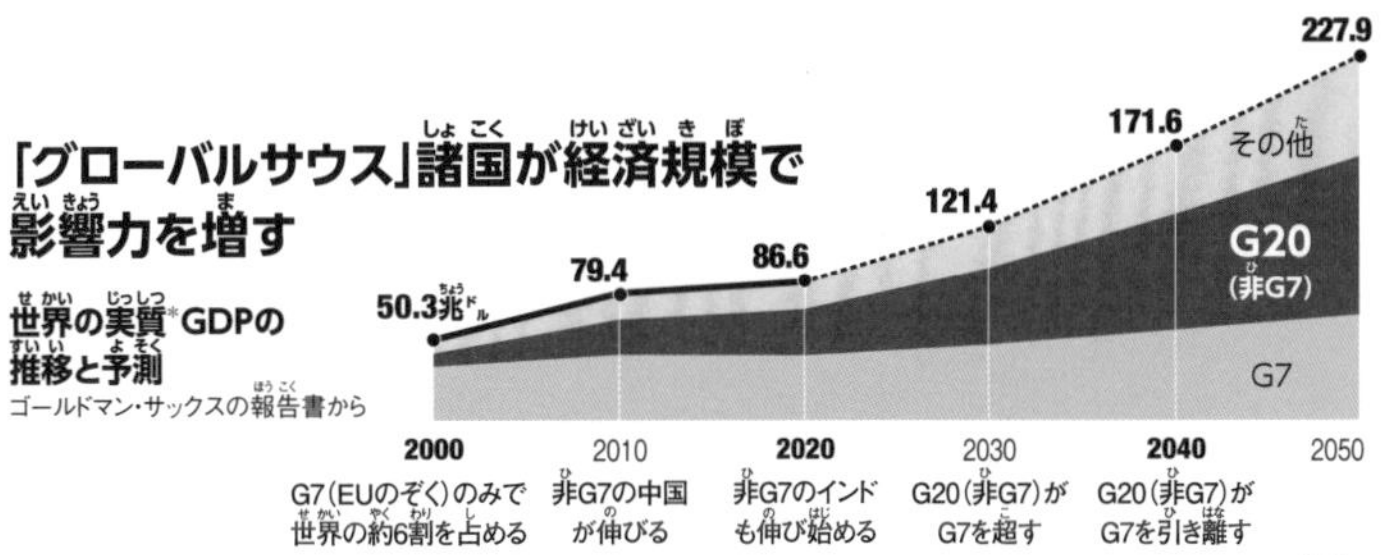

〈2023年9月6日掲載《けいさい》〉

1 ウクライナやロシア、中国に対《たい》するG7（主要《しゅよう》7カ国）の姿勢《しせい》について、資料《しりょう》3を参考《さんこう》に説明《せつめい》しましょう。

2 グローバルサウスの定義《ていぎ》について、資料《しりょう》3と会話文を参考《さんこう》に説明《せつめい》しましょう。

3 G20のうちG7を除《のぞ》いた国の実質《じっしつ》GDPについて、2030年以降《いこう》の予測《よそく》を、「グローバルサウス」という言葉《ことば》を使《つか》って、資料《しりょう》4を参考《さんこう》に説明《せつめい》しましょう。

4 ロシアのウクライナ侵攻《しんこう》が世界的《せかいてき》に影響《えいきょう》を与《あた》えるなか、日本は何をするべきだと思いますか。あなたの考えを書きましょう。

今解き検定●社会

マイナンバーとマイナンバーカード

制限時間 15分　得点　／25点

●マイナンバーとマイナカードについて説明《せつめい》した次《つぎ》の文章《ぶんしょう》や図表《ずひょう》を参考《さんこう》に、後の問《と》いに答えましょう。

「マイナンバー」とは、日本に住《す》む一人ひとりに割《わ》り当《あ》てられる12桁《けた》の数字で、2016年から付与《ふよ》が始《はじ》まった。国や自治体《じちたい》などが別々《べつべつ》に管理《かんり》する社会保障《ほしょう》、税《ぜい》、災害対策《さいがいたいさく》の個人情報《こじんじょうほう》は、この番号《ばんごう》にひもづけられている。それによって政府《せいふ》や自治体《じちたい》間の情報《じょうほう》のやりとりがスムーズになり、行政事務《ぎょうせいじむ》の効率化《こうりつか》につながっている。

「マイナンバーカード」の交付《こうふ》も2016年から始《はじ》まった。ナンバーと違《ちが》い、カードの申《もう》し込《こ》みや取得《しゅとく》は任意《にんい》だ。カードを使《つか》って行政《ぎょうせい》サイト「マイナポータル」にログインすると、健康保険証《けんこうほけんしょう》や税《ぜい》・所得《しょとく》など、計29項目《こうもく》の個人情報《こじんじょうほう》を見ることができる。また、引《ひ》っ越《こ》しなどの行政手続《ぎょうせいてつづ》きをオンラインで済《す》ますことができ、住民票《じゅうみんひょう》などの証明《しょうめい》書をコンビニで交付《こうふ》するサービスも受《う》けられる。

一方で、マイナカードを使《つか》って証明《しょうめい》書の交付《こうふ》を受《う》けようとすると別人《べつじん》のものが発行《はっこう》されるなど、マイナンバーに関《かん》するトラブルが相次《あいつ》いでいる。また、マイナカードを保険証《ほけんしょう》として使《つか》う「マイナ保険証《ほけんしょう》」で、別人《べつじん》の情報《じょうほう》が誤《あやま》って登録《とうろく》されたこともあった。大切な個人情報《こじんじょうほう》を管理《かんり》するのに、ミスの防止《ぼうし》や情報共有《じょうほうきょうゆう》の仕組《しく》みについて十分に調《しら》べないまま制度《せいど》やサービスを始《はじ》めてしまったとの指摘《してき》もある。

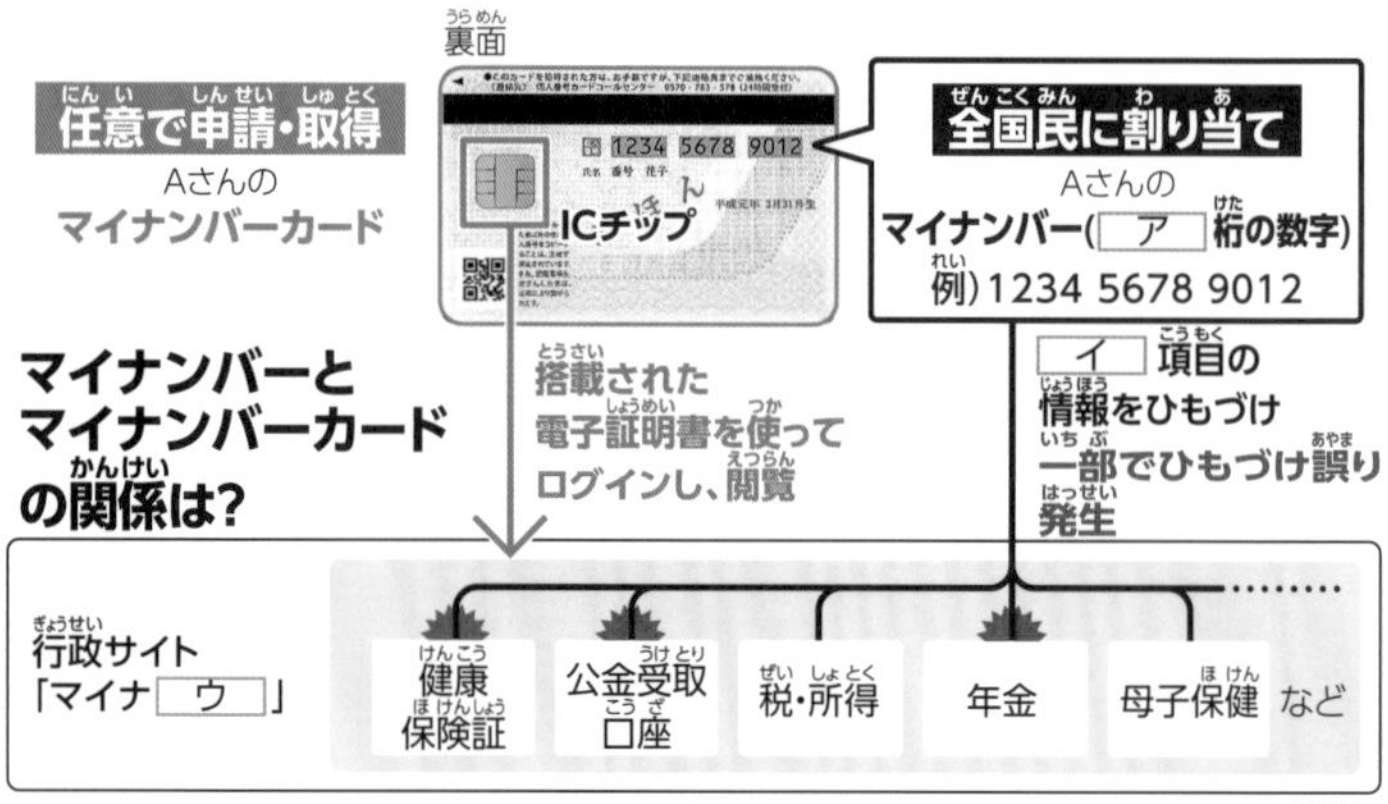

〈2023年7月6日掲載《けいさい》〉

(1) 図表《ずひょう》のア～ウに当てはまる数字や言葉《ことば》を、文章《ぶんしょう》中から抜《ぬ》き出しましょう。　(6点／2点×3)

ア〔　　　　〕　イ〔　　　　〕　ウ〔　　　　〕

(2) 国民《こくみん》にマイナンバーを割《わ》り当《あ》てることで、政府《せいふ》や自治体《じちたい》にはどのような利点《りてん》がありますか。文章《ぶんしょう》を参考《さんこう》に書きましょう。　(6点)

〔　　　　〕

(3) マイナンバーに関《かん》して、どのようなトラブルが発生《はっせい》していますか。「ひもづけ」という言葉《ことば》を使《つか》って、文章《ぶんしょう》と図表《ずひょう》を参考《さんこう》に説明《せつめい》しましょう。　(7点)

〔　　　　〕

(4) マイナンバーに関《かん》するトラブルが相次《あいつ》いでいることについて、どのような問題《もんだい》点が指摘《してき》されていますか。文章《ぶんしょう》を参考《さんこう》に書きましょう。　(6点)

〔　　　　〕

今解き検定●社会

制限時間 15分

得点 ／25点

原発《げんぱつ》の処理《しょり》水

●原発《げんぱつ》の処理《しょり》水について説明《せつめい》した次《つぎ》の文章《ぶんしょう》や図表《ずひょう》を参考《さんこう》に、後の問《と》いに答えましょう。

東京電力は2023年8月、東日本大震災《しんさい》で被災《ひさい》した福島第一《ふくしまだいいち》原子力発電《はつでん》所《しょ》から出た処理《しょり》水の海への放出《ほうしゅつ》を始《はじ》めた。処理《しょり》水とは、原発《げんぱつ》で発生《はっせい》した汚染《おせん》水から大半の放射性物質《ほうしゃせいぶっしつ》を取《と》り除《のぞ》いたあと、大量《たいりょう》の海水で薄《うす》めた水だ。

福島第一原発《ふくしまだいいちげんぱつ》では、溶《と》け落《お》ちた核燃《かくねん》料《りょう》（燃料《ねんりょう》デブリ）が残《のこ》る原子炉《ろ》建屋《たてや》などに地下水や雨が流《なが》れ込《こ》み、汚染《おせん》水が1日あたり約《やく》90トン（2022年度《ねんど》）増《ふ》えていく。原発《げんぱつ》の敷地《しきち》内にあるタンクに保管《ほかん》しているが、2024年にはタンクが満杯《まんぱい》になる見込《みこ》みだ。敷地《しきち》内にタンクを増《ふ》やす余裕《よゆう》はないことなどから、政府《せいふ》は海への放出《ほうしゅつ》を決《き》めた。

処理《しょり》水には多核種除去設備《かくしゅじょきょせつび》（ALPS《アルプス》）での除去《じょきょ》が難《むずか》しいトリチウムという放射性物質《ほうしゃせいぶっしつ》が含《ふく》まれるが、出す放射《ほうしゃ》線は弱い。東電はトリチウムの濃度《のうど》を国の放出基準《ほうしゅつきじゅん》の［　　］分の1未満《みまん》にする計画で、原子力規制《きせい》委員《いいん》会は「人と環境《かんきょう》に対《たい》する影響《えいきょう》は小さい」としている。処理《しょり》水の放出《ほうしゅつ》は約《やく》30年は続《つづ》く見通しで、海水や魚介類《ぎょかいるい》への影響《えいきょう》を調査《ちょうさ》するなど、風評（根拠の不確かなうわさ）被害対策《ひがいたいさく》が重要《じゅうよう》となる。

処理《しょり》水とは **ALPS《アルプス》で汚染《おせん》水から大半の放射性物質《ほうしゃせいぶっしつ》を除去《じょきょ》し、海水で薄《うす》めたもの**

- **含《ふく》まれるトリチウム**……1リットルあたり1500ベクレル未満《みまん》（計画）
- **年間の放出量《ほうしゅつりょう》**……22兆《ちょう》ベクレル未満《みまん》。数十年かけて流《なが》すことになる

トリチウムとは **三重水素《さんじゅうすいそ》とも呼《よ》ばれ、化学的《かがくてき》には水素《すいそ》と同じ性質《せいしつ》**

- 水の形で存在《そんざい》し、ALPS《アルプス》で除去《じょきょ》できない
- 放射《ほうしゃ》線は弱い
- 放射能《ほうしゃのう》が半分になる期間《きかん》（半減期《はんげんき》）は12.3年
- 国内外の原発《げんぱつ》などでも発生《はっせい》し、海に流《なが》している

トリチウム水の水分子

1リットルあたりに含《ふく》まれるトリチウム		
	トリチウムの法令《ほうれい》の放出基準《ほうしゅつきじゅん》	60000ベクレル
	WHO（世界保健機関《せかいほけんきかん》）の飲料《いんりょう》水ガイドライン	10000ベクレル
	処理《しょり》水	1500ベクレル未満《みまん》
	海水や雨水、飲料《いんりょう》水など	0.1~1.0ベクレル

政府《せいふ》や東電の資料《しりょう》から　〈2023年7月5日掲載《けいさい》〉

(1)　海への放出《ほうしゅつ》が始《はじ》まった原子力発電所《はつでんしょ》の処理《しょり》水とは、どのような水ですか。文章《ぶんしょう》と図表《ずひょう》を参考《さんこう》に説明《せつめい》しましょう。（6点）

［　　　　　　　　　　　　］

(2)　政府《せいふ》が処理《しょり》水の海への放出《ほうしゅつ》を決《き》めた理由《りゆう》について、文章《ぶんしょう》を参考《さんこう》に説明《せつめい》しましょう。（7点）

［　　　　　　　　　　　　］

(3)　文章《ぶんしょう》の［　　］に当てはまる数字を、図表《ずひょう》を参考《さんこう》に答えましょう。（6点）

［　　　　］

(4)　処理《しょり》水の放出《ほうしゅつ》が長く続《つづ》くと見込《みこ》まれる中、どのようなことが重要《じゅうよう》とされていますか。文章《ぶんしょう》を参考《さんこう》に書きましょう。（6点）

［　　　　　　　　　　　　］

今解き作文教室

―繰《く》り返《かえ》しを避《さ》けよう―

余計《よけい》な繰《く》り返《かえ》しを避《さ》けて、読みやすい文《ぶん》章《しょう》にしよう。
イマトキ先生

意見《いけん》文は、読みやすい文章《ぶんしょう》にすることが大切だよ。今回は、そうした文《ぶん》章《しょう》を書くポイントを勉強《べんきょう》しよう。

例 父の勤《つと》め先《さき》の近くのレストランのカレーを食べた。

この文は、意味《いみ》は通じるけれど、何だか単調《たんちょう》で読みにくいよね。それは、「……の……の……の……」というふうに、同じ表現《ひょうげん》が繰《く》り返《かえ》されているからなんだ。これを次《つぎ》のようにするとどうだろう。

例 父の勤《つと》め先《さき》の近くにあるレストランで、カレーを食べた。

このように同じ表現《ひょうげん》の繰《く》り返《かえ》しがなくなると、メリハリができて読みやすくなるんだ。では、別《べつ》のケースも見てみよう。

例 私《わたし》は清掃《せいそう》ボランティアの活動《かつどう》に参加《さんか》している。去年参加《きょねんさんか》してから1年になる。中学生になっても活動《かつどう》を続《つづ》ける。町中がきれいになるようにがんばる。

これは、文末《ぶんまつ》がすべて「……る」となっているために単調《たんちょう》な文章《ぶんしょう》に感《かん》じられるケースだ。文末《ぶんまつ》に次《つぎ》のように変化《へんか》をつけると、メリハリのある読みやすい文章《ぶんしょう》になるよ。

例 私《わたし》は清掃《せいそう》ボランティアの活動《かつどう》に参加《さんか》している。去年参加《きょねんさんか》してから1年がたった。中学生になっても活動《かつどう》を続《つづ》けるつもりだ。町中がきれいになるようにがんばりたいと思う。

このように文末《ぶんまつ》に変化《へんか》をつけるだけで、自然《しぜん》な読みやすい文章《ぶんしょう》になることがわかるよね。「……る」だけでなく、「……だ」「……思う」なども繰《く》り返《かえ》して使《つか》うと単調《たんちょう》な印象《いんしょう》になってしまうから、意見《いけん》文を書き終《お》えたら必《かなら》ず読み返《かえ》して、同じ表現《ひょうげん》の繰《く》り返《かえ》しがないかを確認《かくにん》するようにしよう。

では、これまでの内容《ないよう》を踏《ふ》まえて、次《つぎ》の単調《たんちょう》な文を読みやすい文に書き直してみよう。

例 母の実家《じっか》の近くの農場《のうじょう》のリンゴの収穫《しゅうかく》の仕事《しごと》の手伝《てつだ》いをする。

今月号の問いかけ

次《つぎ》の問題《もんだい》について、原稿《げんこう》用紙に自分の意見《いけん》を600字以内《いない》で書いてみよう。

○ あなたの印象《いんしょう》に残《のこ》った2023年のニュースを一つ取《と》り上《あ》げ、あなたの意見《いけん》を書きましょう。

1
2024

朝日新聞で学ぶ総合教材
今解き教室
IMATOKI KYOSHITSU I

特別号《とくべつごう》
ニュース総《そう》まとめ

解答《かいとう》と解説《かいせつ》

名前

読解 1 解答と解説

コロナ禍《か》明けの海外渡航《とこう》

このページの目標

円安《えんやす》や航空運賃《こうくううんちん》の高騰《こうとう》で、海外渡航《とこう》に様々《さまざま》な影響《えいきょう》が出ています。コロナ禍《か》前と比《くら》べた留学《りゅうがく》や海外旅行事情《りょこうじじょう》のほか、航空運賃《こうくううんちん》や旅行代金《りょこうだいきん》が高騰《こうとう》している理由《りゆう》を学び、留学《りゅうがく》の意義《いぎ》について改《あらた》めて考えてみましょう。

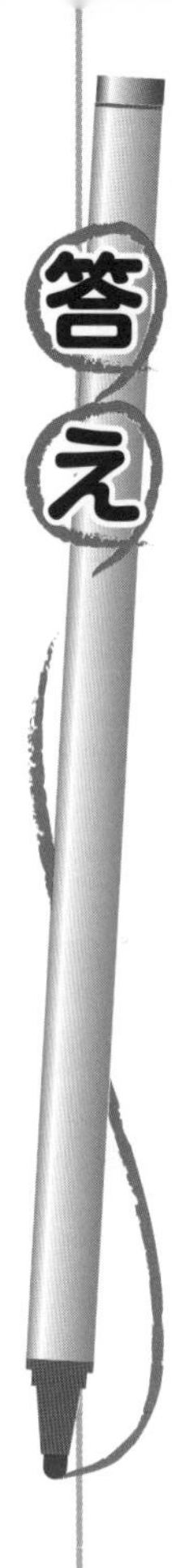

読解 1 入門チャレンジ コロナ禍《か》明けの海外渡航《とこう》

物価《ぶっか》高・円安《えんやす》でも行く

2023年8月11日掲載《けいさい》

1 夏は旅行《りょこう》や留学《りゅうがく》などで海外に向《む》かう人が多い。だが、*円安《えんやす》や航空運賃《こうくううんちん》の高騰《こうとう》で、様々《さまざま》な異変《いへん》が起《お》きている。

2「これまで我慢《がまん》していた学生たちが、新型《しんがた》コロナが落《お》ち着《つ》いて一気に長期留学《ちょうきりゅうがく》に踏《ふ》み切《き》っている」。東京外国語大学の副《ふく》学長（教育担当《きょういくたんとう》）はそう話す。同大学では2023年夏、長期《ちょうき》（おおむね5カ月以上《いじょう》）で海外留学《りゅうがく》に行く学生が過去最多《かこさいた》の279人となった。

海外に出発《しゅっぱつ》する人でにぎわう国際線《こくさい》ロビー
＝2023年7月、大阪府《おおさかふ》の関西空港《かんさいくうこう》

3 一方、通常《つうじょう》は1年生が多い短期留学《たんきりゅうがく》は、同年夏は2、3年生が多いのが特徴《とくちょう》だった。副《ふく》学長は「留学《りゅうがく》を希望《きぼう》する学生が多いのに実現《じつげん》できず、不満《ふまん》がたまっていた。航空運賃《こうくううんちん》や滞在費《たいざいひ》の高騰《こうとう》は続《つづ》いているが、家族《かぞく》も積極的《せっきょくてき》に後押《あとお》ししている」と話す。

4 日本から海外への航空運賃《こうくううんちん》は、ロシアによる*ウクライナ侵攻《しんこう》を受《う》けたエネルギー価格《かかく》の高騰《こうとう》などにより、コロナ禍《か》前の2019年と比《くら》べて多くの路線《ろせん》で2～4割《わり》ほど値上《ねあ》がりしている。

●上の記事《きじ》を読んで後の問《と》いに答えましょう。

1 2023年夏の、東京外国語大学の学生の留学状況《りゅうがくじょうきょう》についてまとめた次《つぎ》の文章《ぶんしょう》の□に当てはまる言葉《ことば》を、記事《きじ》中から抜《ぬ》き出《だ》しましょう。

新型《しんがた》［コロナ］が落《お》ち着《つ》いて、長期留学《ちょうきりゅうがく》に踏《ふ》み切《き》る学生が過去《かこ》［最多《さいた》］となった。［短期《たんき》］留学《りゅうがく》は、これまで実現《じつげん》できなかった2、3年生が多くなっている。

2 日本から海外への航空運賃《こうくううんちん》が値上《ねあ》がりしている主《おも》な理由《りゆう》は何ですか。「ロシア」という言葉《ことば》を使《つか》って、記事《きじ》を参考《さんこう》に説明《せつめい》しましょう。

例 ロシアによるウクライナ侵攻《しんこう》を受《う》けてエネルギー価格《かかく》が高騰《こうとう》しているから。

3 ――「二極化《にきょくか》が起《お》きている」とありますが、二極化《にきょくか》とは、どのような家庭《かてい》があることを指《さ》していますか。記事《きじ》を参考《さんこう》に説明《せつめい》しましょう。

例 渡航費《とこうひ》が高くても留学《りゅうがく》に子どもを送《おく》り出す家庭《かてい》と、余裕《よゆう》がなく留学《りゅうがく》を諦《あきら》める家庭《かてい》。

【物価高騰《ぶっかこうとう》】
物《もの》の値段《ねだん》が非常《ひじょう》に高くなることよ。新型《しんがた》コロナウイルスの感染拡大《かんせんかくだい》やロシアによるウクライナ侵攻《しんこう》の影響《えいきょう》などによって、世界的《せかいてき》な物価高《ぶっかこう》騰《とう》が続《つづ》いているわ。日本国内では円安《えんやす》の影響《えいきょう》も大きいのよ。

34

天声人語 ことば力 解答

1 ①糾弾《きゅうだん》 ②称賛《しょうさん》

2 独《どく》

3 例 人を笑《わら》わせる上品《じょうひん》で気の利《き》いたしゃれ。

4 例 幼《おさな》いころの思い出が頭をよぎった。

解答のポイント

それぞれ、次《つぎ》のようなポイントが読《よ》み取《と》れているかを確認《かくにん》しましょう。

1 正解の基準 アドバイス

・それぞれ解答《かいとう》通り。

○第《だい》2・3段落《だんらく》にあるように、東京外国語大学では、新型《しんがた》コロナが落《お》ち着《つ》いて、「2023年夏、長期《ちょうき》（おおむね5カ月以上《いじょう》）で海外留学《りゅうがく》に行く学生が過去最多《かこさいた》」となりました。一方、通常《つうじょう》は1年生が多い短期留学《たんきりゅうがく》は、2、3年生が多くなっています。

2 正解の基準 アドバイス

・模範解答《もはんかいとう》と同じような内容《ないよう》であれば正解《せいかい》。

○第《だい》4段落《だんらく》にあるように、「日本から海外への航空運賃《こうくううんちん》は、ロシアによるウクライナ侵攻《しんこう》を受《う》けたエネルギー価格《かかく》の高騰《こうとう》などにより」、コロナ禍《か》前と比《くら》べて多くの路線《ろせん》で値上《ねあ》がりしています。

3 正解の基準 アドバイス

・模範解答《もはんかいとう》と同じような内容《ないよう》であれば正解《せいかい》。

○第《だい》6段落《だんらく》にあるように、渡航費《とこうひ》が高くても頑張《がんば》って留学《りゅうがく》に子どもを送《おく》り出す家庭《かてい》がある一方で、余裕《よゆう》がなく留学《りゅうがく》を諦《あきら》める家庭《かてい》もあり、「二極化《にきょくか》が起《お》きている」と言えます。

4

5 円安《えんやす》も進《すす》んだ。コロナ禍《か》前の2019年8月の1ドル=106円程《てい》度《ど》に比《くら》べると、円の価値《かち》は4分の3程度《ていど》に下がっている。

6 留学《りゅうがく》あっせんも行う専門雑誌《せんもんざっし》の広報担当者《こうほうたんとうしゃ》は「もともと『高い買い物《もの》』である留学《りゅうがく》に子どもを送《おく》り出す家庭《かてい》は、渡航費《とこうひ》が高くても頑《がん》張《ば》って送《おく》り出す。一方で余裕《よゆう》のない家庭《かてい》では諦《あきら》めるケースもあり、二極化《にきょくか》が起《お》きている」と話す。

7 一方、日本の旅行《りょこう》会社の調査《ちょうさ》によると、2023年の夏休み（7月15日〜8月31日）の海外旅行者《りょこうしゃ》の予測《よそく》数は120万人。コロナ禍《か》前の2019年と比《くら》べ、約《やく》4割《わり》にとどまる。「物価《ぶっか》高や円安《えんやす》で旅行《りょこう》代金《だいきん》の高騰《こうとう》は避《さ》けられない。少し落《お》ち着《つ》いてからと考える方もいるようだ」と広報担当者《こうほうたんとうしゃ》は話す。

8 人気のハワイやグアムは、円安《えんやす》に加《くわ》え、人手不足《ぶそく》で賃金《ちんぎん》が上がり、現地《げんち》の物価《ぶっか》をさらに上げている。ヨーロッパやアメリカではガイドが足りない。「コロナ禍《か》の3年間、違《ちが》う仕事《しごと》に就《つ》き、そのまま離職《りしょく》というケースがある。需要《じゅよう》の高まりに追《お》いついていない」と言う。

9 旅行代金《りょこうだいきん》が高騰《こうとう》する中、人気なのが高額《こうがく》なビジネスクラスを使《つか》ったツアー旅行《りょこう》だ。様々《さまざま》な旅行《りょこう》会社で添乗員《てんじょういん》を務《つと》める40代《だい》の女性《じょせい》は「コロナ禍《か》前と比《くら》べて旅行代金《りょこうだいきん》は1・5倍《ばい》になっているが、3年貯《ちょ》金《きん》したからと思い切る高所得者層《こうしょとくしゃそう》やシニア層《そう》が多い」と話す。

10 旅行代金高騰《りょこうだいきんこうとう》の先行きについて、旅行《りょこう》会社の広報担当者《こうほうたんとうしゃ》は「見通しはつかない」と言う。

＊円安《えんやす》…日本の通貨《つうか》「円」の価値《かち》が外国の通貨《つうか》に対《たい》して低《ひく》くなること。円安《えんやす》になると原《げん》材料《ざいりょう》や石油《せきゆ》を輸入《ゆにゅう》するのに多くの円が必要《ひつよう》になり、商品《しょうひん》などの値《ね》上《あ》げにつながる。

＊ウクライナ侵攻《しんこう》…2022年2月、ロシアが隣《となり》の国のウクライナに軍事侵攻《ぐんじしんこう》し、両国《りょうこく》の間で戦闘《せんとう》が始《はじ》まった。

調べよう あっせん／渡航《とこう》／二極化《にきょくか》／離職《りしょく》／需要《じゅよう》／ビジネスクラス

4 2023年の夏休みの海外旅行《りょこう》の予測《よそく》数について、コロナ禍《か》前との比較《ひかく》（比《くら》べること）にも触《ふ》れながら、記事《きじ》を参考《さんこう》に説明《せつめい》しましょう。

例 予測《よそく》数は120万人で、コロナ禍《か》前の2019年と比《くら》べ、約《やく》4割《わり》にとどまる。

5 海外の旅行《りょこう》地や旅行《りょこう》代金《だいきん》の説明《せつめい》として正しいものを、次《つぎ》のア〜エから一つ選《えら》び、（　）の中に○を書きましょう。

ア（　）旅行《りょこう》代金《だいきん》が高騰《こうとう》しているため、低額《ていがく》なエコノミークラスを使《つか》ったツアー旅行《りょこう》が人気を集《あつ》めている。

イ（○）ヨーロッパやアメリカではコロナ禍《か》で違《ちが》う仕事《しごと》に就《つ》き、そのまま離職《りしょく》した人もいるため、ガイドが足りていない。

ウ（　）コロナ禍《か》前と比《くら》べて旅行《りょこう》代金《だいきん》は2倍《ばい》以上《いじょう》になっているが、高騰《こうとう》はまもなく落《お》ち着《つ》くと見られている。

エ（　）ハワイやグアムの旅行《りょこう》も円安《えんやす》の影響《えいきょう》はあるが、賃金《ちんぎん》が下がったことで現地《げんち》の物価《ぶっか》は下がっている。

6 渡航費《とこうひ》や滞在費《たいざいひ》の高騰《こうとう》が続《つづ》く中、多くの学生が留学《りゅうがく》しています。留学《りゅうがく》の意《い》義《ぎ》は、どのようなことにあると思いますか。あなたの考えを書きましょう。

例 語学力を高めるだけではなく、海外の文化《ぶんか》に触《ふ》れ、外国の人と交流《こうりゅう》することで、多様《たよう》性《せい》を知るなど見聞を広められることにある。

留学《りゅうがく》するとしたらどこへ行きたいか、話し合ってみよう。

調べよう

・**あっせん**　間に入って、物事《ものごと》がうまく行くように取《と》り計《はか》らうこと。世話《せわ》をすること。

・**渡航《とこう》**　船や飛行機《ひこうき》で海外に行くこと。

・**二極化《にきょくか》**　中間が減《へ》って両極端《りょうきょくたん》に分かれること。

・**離職《りしょく》**　仕事《しごと》から離《はな》れること。

・**需要《じゅよう》**　品物《しなもの》やサービスなどを必要《ひつよう》だと思って求《もと》めること。

・**ビジネスクラス**　旅客機《りょかくき》の座席《ざせき》の等級《とうきゅう》（質《しつ》などの上下を表《あらわ》す区分《くぶん》）の一つ。一般的《いっぱんてき》に、エコノミークラス、ビジネスクラス、ファーストクラスの順《じゅん》で等級《とうきゅう》が高くなる。

4

正解の基準

・**模範解答《もはんかいとう》と同じような内容《ないよう》であれば正解《せいかい》。**

アドバイス

○第《だい》7段落《だんらく》にあるように、「物価《ぶっか》高や円安《えんやす》で旅行代金《りょこうだいきん》の高騰《こうとう》は避《さ》けられない」とされています。2023年の夏休みの海外旅行《りょこう》者《しゃ》の予《よ》測《そく》数は120万人で、「コロナ禍《か》前の2019年と比《くら》べ、約《やく》4割《わり》」にとどまります。

5

正解の基準

・**解答《かいとう》通り。**

アドバイス

○第《だい》8段落《だんらく》にあるように、ヨーロッパやアメリカでは「コロナ禍《か》の3年間、違《ちが》う仕事《しごと》に就《つ》き、そのまま離職《りしょく》」した人もいるため、旅行《りょこう》地のガイドが足りていません。

○アは、第《だい》9段落《だんらく》にあるように、旅行代金《りょこうだいきん》が高騰《こうとう》する中、「高額《こうがく》なビジネスクラスを使《つか》ったツアー旅行《りょこう》」が人気を集《あつ》めています。ウは、第《だい》9・10段落《だんらく》にあるように、「コロナ禍《か》前と比《くら》べて旅行《りょこう》代金《だいきん》は1・5倍《ばい》になって」います。旅行代金高騰《りょこうだいきんこうとう》の先行きは、見通しがついていません。エは、第《だい》8段落《だんらく》にあるように、旅行《りょこう》先として人気のハワイやグアムは、「円安《えんやす》に加《くわ》え、人手不足《ぶそく》で賃金《ちんぎん》が上がり、現地《げんち》の物価《ぶっか》をさらに上げて」います。

6

正解の基準

・**留学《りゅうがく》の意義《いぎ》はどのようなことにあると思うか、自分なりの意見《いけん》を述《の》べられていれば正解《せいかい》。**

アドバイス

○第《だい》3段落《だんらく》にあるように、航空運賃《こうくううんちん》や滞在費《たいざいひ》の高騰《こうとう》は続《つづ》いていますが、留学《りゅうがく》を希望《きぼう》する学生が多く、家族《かぞく》も積極的《せっきょくてき》に後押《あとお》ししています。海外に行き、その国の言語でコミュニケーションを取《と》ることで、語学力を高めることができます。また、外国の人と交流《こうりゅう》することで、文化《ぶんか》や考え方、習慣《しゅうかん》などの多様性《たようせい》を知ったり、自分自身《じしん》の価値観《かちかん》を見つめ直す機会《きかい》を得《え》たりするなど、見聞を広めることができると考えられます。

○こうした点をふまえて、自分なりの考えをまとめましょう。

広島《ひろしま》でG7サミット開催《かいさい》

このページの目標

2023年5月、主要《しゅよう》7カ国首脳会議《しゅのうかいぎ》（G7サミット）が広島《ひろしま》で開《ひら》かれました。サミットとはどのようなものなのか、開《ひら》かれたきっかけや歴史《れきし》とともに学び、今後、G7サミットでどのようなことを話し合うべきかを考えましょう。

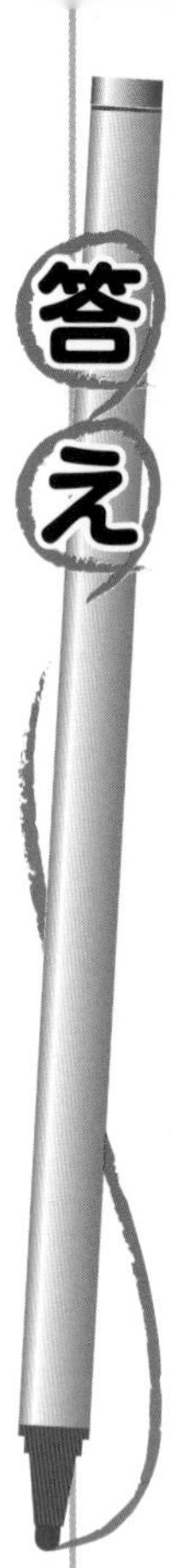

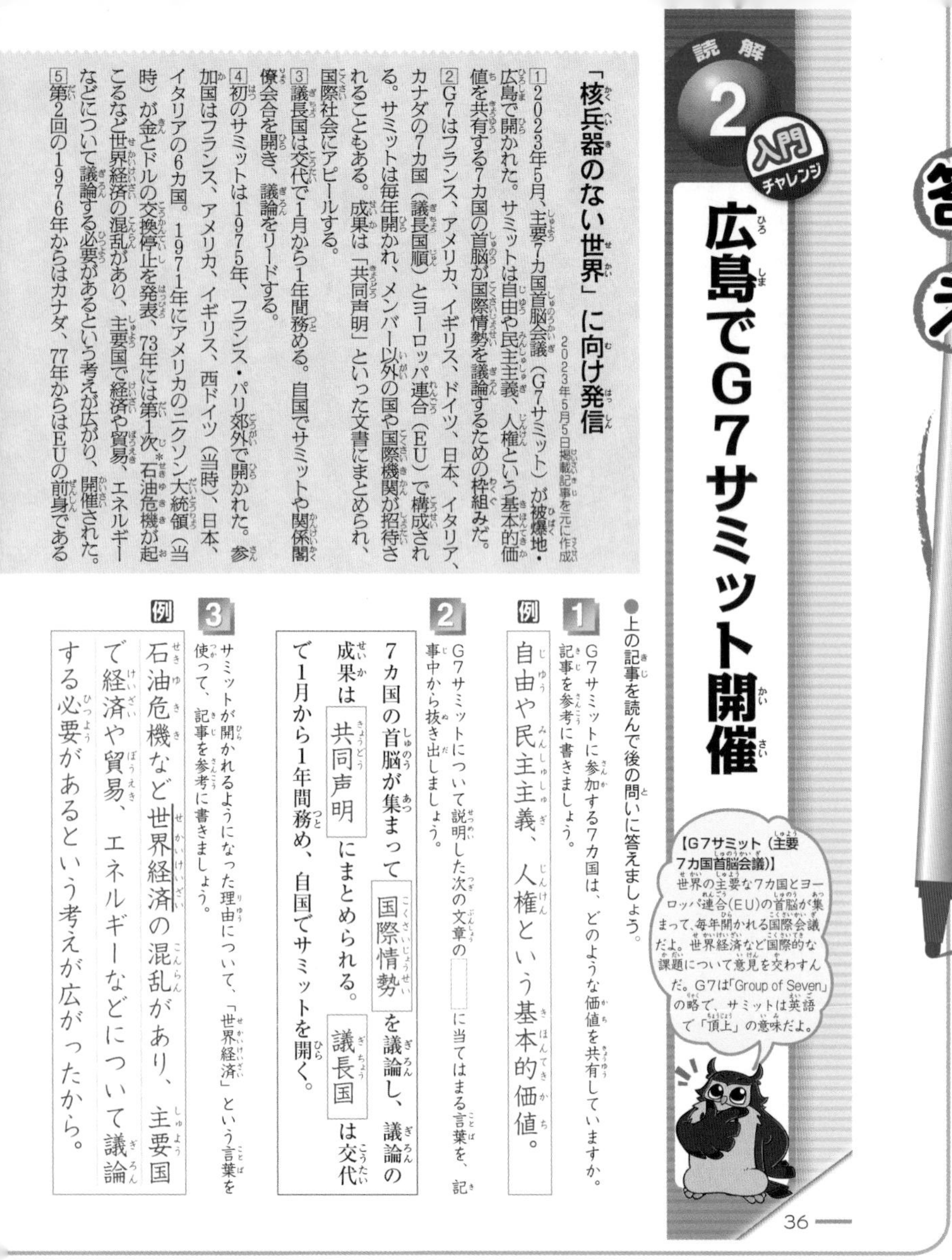

読解 2 入門チャレンジ

広島《ひろしま》でG7サミット開催《かいさい》

「核兵器《かくへいき》のない世界《せかい》」に向《む》け発信《はっしん》

2023年5月5日掲載記事《けいさいきじ》を元に作成《さくせい》

1 2023年5月、主要《しゅよう》7カ国首脳会議《しゅのうかいぎ》（G7サミット）が被爆地《ひばくち》・広島《ひろしま》で開《ひら》かれた。サミットは自由《じゆう》や民主主義《みんしゅしゅぎ》、人権《じんけん》という基本的価値《きほんてきかち》を共有《きょうゆう》する7カ国の首脳《しゅのう》が国際情勢《こくさいじょうせい》を議論《ぎろん》するための枠組《わくぐ》みだ。

2 G7はフランス、アメリカ、イギリス、ドイツ、日本、イタリア、カナダの7カ国（議長国順《ぎちょうこくじゅん》）とヨーロッパ連合《れんごう》（EU）で構成《こうせい》される。サミットは毎年開《ひら》かれ、メンバー以外《いがい》の国や国際機関《こくさいきかん》が招待《しょうたい》されることもある。成果《せいか》は「共同声明《きょうどうせいめい》」といった文書にまとめられ、国際社会《こくさいしゃかい》にアピールする。

3 議長国《ぎちょうこく》は交代《こうたい》で1月から1年間務《つと》める。自国でサミットや関係閣僚会合《かんけいかくりょうかいごう》を開《ひら》き、議論《ぎろん》をリードする。

4 初《はつ》のサミットは1975年、フランス・パリ郊外《こうがい》で開《ひら》かれた。参加国《さんかこく》はフランス、アメリカ、イギリス、西ドイツ（当時）、日本、イタリアの6カ国。1971年にアメリカのニクソン大統領《だいとうりょう》（当時）が金《きん》とドルの交換停止《こうかんていし》を発表《はっぴょう》、73年には第《だい》1次《じ》＊石油危機《せきゆきき》が起《お》こるなど世界経済《せかいけいざい》の混乱《こんらん》があり、主要国《しゅようこく》で経済《けいざい》や貿易《ぼうえき》、エネルギーなどについて議論《ぎろん》する必要《ひつよう》があるという考えが広がり、開催《かいさい》された。

5 第《だい》2回の1976年からはカナダ、77年からはEUの前身《ぜんしん》である

●上の記事《きじ》を読んで後の問《と》いに答えましょう。

1 G7サミットに参加《さんか》する7カ国は、どのような価値《かち》を共有《きょうゆう》していますか。記事《きじ》を参考《さんこう》に書きましょう。

例 自由《じゆう》や民主主義《みんしゅしゅぎ》、人権《じんけん》という基本的価値《きほんてきかち》。

2 G7サミットについて説明《せつめい》した次《つぎ》の文章《ぶんしょう》の□に当てはまる言葉《ことば》を、記事《きじ》中から抜《ぬ》き出《だ》しましょう。

7カ国の首脳《しゅのう》が集《あつ》まって［国際情勢《こくさいじょうせい》］を議論《ぎろん》し、議論《ぎろん》の成果《せいか》は［共同声明《きょうどうせいめい》］にまとめられる。［議長国《ぎちょうこく》］は交代《こうたい》で1月から1年間務《つと》め、自国でサミットを開《ひら》く。

3 サミットが開《ひら》かれるようになった理由《りゆう》について、「世界経済《せかいけいざい》」という言葉《ことば》を使《つか》って、記事《きじ》を参考《さんこう》に書きましょう。

例 石油危機《せきゆきき》など世界経済《せかいけいざい》の混乱《こんらん》があり、主要国《しゅようこく》で経済《けいざい》や貿易《ぼうえき》、エネルギーなどについて議論《ぎろん》する必要《ひつよう》があるという考えが広がったから。

【G7サミット（主要《しゅよう》7カ国首脳会議《しゅのうかいぎ》）】世界《せかい》の主要《しゅよう》な7カ国とヨーロッパ連合《れんごう》(EU)の首脳《しゅのう》が集《あつ》まって、毎年開《ひら》かれる国際会議《こくさいかいぎ》だよ。世界経済《せかいけいざい》など国際的《こくさいてき》な課題《かだい》について意見《いけん》を交《か》わすんだ。G7は「Group of Seven」の略《りゃく》で、サミットは英語《えいご》で「頂上《ちょうじょう》」の意味《いみ》だよ。

36

解答のポイント

それぞれ、次《つぎ》のようなポイントが読《よ》み取《と》れているかを確認《かくにん》しましょう。

1 正解の基準

・模範解答《もはんかいとう》と同じような内容《ないよう》であれば正解《せいかい》。

アドバイス

○第《だい》1段落《だんらく》にあるように、G7サミットに参加《さんか》する主要《しゅよう》7カ国は「自由《じゆう》や民主主義《みんしゅしゅぎ》、人権《じんけん》という基本的価値《きほんてきかち》を共有《きょうゆう》」しています。

2 正解の基準

・それぞれ解答《かいとう》通り。

アドバイス

○第《だい》1～3段落《だんらく》にあるように、G7サミットは「7カ国の首脳《しゅのう》が国際情勢《こくさいじょうせい》を議論《ぎろん》するための枠組《わくぐ》み」です。議論《ぎろん》の成果《せいか》は「共同《きょうどう》声明」といった文書にまとめられます。議長国《ぎちょう》は交代《こうたい》で1月から1年間務《つと》め、自国でサミットや関係閣僚会合《かんけいかくりょう》を開《ひら》きます。

3 正解の基準

・模範解答《もはんかいとう》と同じような内容《ないよう》であれば正解《せいかい》。

アドバイス

○第《だい》4段落《だんらく》にあるように、1971年にアメリカのニクソン大統領《だいとうりょう》（当時）が金《きん》とドルの交換停止《こうかんていし》を発表《はっぴょう》し、世界経済《せかいけいざい》の仕組《しく》みが大きく変《か》わりました。また、1973年には第《だい》1次石油危機《じせきゆきき》が起《お》こるなど「世界経済《せかいけいざい》の混乱《こんらん》があり、主要国《しゅよう》で経済《けいざい》や貿易《ぼうえき》、エネルギーなどについて議論《ぎろん》する必要《ひつよう》があるという考え」が広がったため、1975年に初《はつ》のサミットが開《ひら》かれました。

4 正解の基準

・解答《かいとう》通り。

アドバイス

○第《だい》5段落《だんらく》にあるように、1994年にはロシアがサミットの一《いち》部《ぶ》の討議《とうぎ》に参加《さんか》するようになりましたが、「2014年、ロシ

ヨーロッパ共同体《きょうどうたい》（EC）が加《くわ》わった。*冷戦《れいせん》後の94年にはロシアがサミットの一部《いちぶ》の討議《とうぎ》に参加《さんか》するようになったが、2014年、ロシアはウクライナ領《りょう》のクリミア半島《はんとう》を一方的《てき》に併合《へいごう》。7カ国がロシアの参加《さんか》を停《てい》止《し》した。

〈2023年5月5日掲載図表《けいさいずひょう》を改定《かいてい》〉

6サミットでの議題《ぎだい》は、そのときの国際情勢《こくさいじょうせい》などによって決《き》まる。1970年代《ねんだい》はエネルギー問題《もんだい》、80年代《ねんだい》は東西対立《たいりつ》、90年代《ねんだい》はグローバル化《か》、2000年代《ねんだい》に入ると世界経済《せかいけいざい》や気候変動《きこうへんどう》、地域情勢《ちいきじょうせい》などが議論《ぎろん》されてきた。

7G7サミットが日本で初《はじ》めて開《ひら》かれたのは1979年で、今回は7回目。1～3回目は東京・元赤坂《もとあかさか》の迎賓館《げいひんかん》が主《しゅ》会場だったが、2000年の「九州《きゅうしゅう》・沖縄《おきなわ》サミット」で初《はじ》めて東京以外《いがい》の開催《かいさい》となった。近年、開催場所《かいさいばしょ》は時の首相《しゅしょう》の意向《いこう》が強く表《あらわ》れるようになった。

8今回、岸田文雄首相《きしだふみおしゅしょう》は地元・広島《ひろしま》を選《えら》んだ。最大《さいだい》のテーマはロシアによるウクライナ侵攻《しんこう》。そして、自身《じしん》のライフワークでもある「核兵器《かくへいき》のない世界《せかい》」に向《む》けたメッセージを発信《はっしん》する狙《ねら》いがあった。

*石油危機《せきゆきき》…中東の産油国《さんゆこく》が原油《げんゆ》の生産量《せいさんりょう》を減《へ》らし、価格《かかく》を大幅《おおはば》に引き上げたことで、先進諸国《せんしんしょこく》で起《お》こった経済的混乱《けいざいてきこんらん》のこと。1973年と79年の2回起《お》きた。

*冷戦《れいせん》…アメリカ（資本主義《しほんしゅぎ》）とソ連《れん》（共産主義《きょうさんしゅぎ》）、及《およ》びそれぞれの同盟国《どうめいこく》が武力《ぶりょく》は使《つか》わずに激《はげ》しく対立《たいりつ》していた状態《じょうたい》を指《さ》す。40年以上《いじょう》続《つづ》いた。

調べよう 被爆地《ひばくち》／枠組《わくぐ》み／閣僚《かくりょう》／併合《へいごう》／グローバル化《か》／気候変動《きこうへんどう》

4 サミットの説明《せつめい》として正しいものを、次《つぎ》のア～エから一つ選《えら》び、（　）の中に○を書きましょう。

ア（　）議題《ぎだい》は国際情勢《こくさいじょうせい》などによって決《き》まり、1990年代《ねんだい》は東西対立《たいりつ》、2000年代《ねんだい》はグローバル化《か》などが議論《ぎろん》されてきた。

イ（○）1994年からロシアはサミットの一部《いちぶ》に参加《さんか》していたが、クリミア半島《はんとう》を一方的《てき》に併合《へいごう》したことで参加《さんか》が停止《ていし》された。

ウ（　）初《はじ》めてのサミットは1975年にフランスで開《ひら》かれ、参加《さんか》国は西ドイツやソ連《れん》など7カ国だった。

エ（　）G7サミットが日本で開《ひら》かれるのは2023年で6回目になり、各国首脳《かっこくしゅのう》の意向《いこう》によって広島《ひろしま》が開催場所《かいさいばしょ》に選《えら》ばれた。

5 記事《きじ》中の図表《ずひょう》のア～ウに当てはまる言葉《ことば》を、それぞれ記事《きじ》中から抜《ぬ》き出《だ》しましょう。

ア フランス　イ ロシア　ウ 核兵器《かくへいき》

6 今後のG7サミットでは、どのようなことを話し合うべきだと思いますか。あなたの考えを書きましょう。

例 核兵器《かくへいき》をなくすことを含《ふく》めた世界平和《せかいへいわ》や、途上《とじょう》国への支援《しえん》、温室効果《おんしつこうか》ガスの排出削減《はいしゅつさくげん》などの環境問題《かんきょうもんだい》について話し合うべきだ。

海外で行われたG7サミットの開催場所《かいさいばしょ》を調《しら》べてみよう。

調べよう

- **被爆地《ひばくち》**　ここでは、戦争《せんそう》で原子爆弾《ばくだん》による被害《ひがい》を受《う》けた場所《ばしょ》。第二次世界大戦《だいにじせかいたいせん》中の1945年8月、アメリカは広島《ひろしま》と長崎《ながさき》に原爆《げんばく》を投下《とうか》した。
- **枠組《わくぐ》み**　ここでは、物事《ものごと》の仕組《しく》み。おおよその組み立て。
- **閣僚《かくりょう》**　内閣《ないかく》をつくっている各大臣《かくだいじん》。
- **併合《へいごう》**　ここでは、他《ほか》の国の領土《りょうど》を自分の国の領土《りょうど》にすること。
- **グローバル化《か》**　人やモノ、お金、情報《じょうほう》などが、国や地域《ちいき》を越《こ》えて移動《いどう》し、世界規模《せかいきぼ》で結《むす》びつくようになること。
- **気候変動《きこうへんどう》**　気温《きおん》や降《ふ》る雨の量《りょう》などの気候《きこう》が長い年月の間に変《か》わること。石油《せきゆ》や石炭《せきたん》などの化《か》石燃料《せきねんりょう》を大量《たいりょう》に使《つか》うことで大気中の二酸化炭素《にさんかたんそ》が増《ふ》え、地球温暖化《ちきゅうおんだんか》が進《すす》んでいることなどが影響《えいきょう》していると考えられる。

アはウクライナ領《りょう》のクリミア半島《はんとう》を一方的《てき》に併合《へいごう》」したため、サミットへの参加《さんか》が停止《ていし》されました。

○アは、第《だい》6段落《だんらく》にあるように、「80年代《ねんだい》は東西対立《たいりつ》、90年代《ねんだい》はグローバル化《か》」などがサミットで議論《ぎろん》されました。ウは、第《だい》4段落《だんらく》にあるように、初《はつ》のサミットの参加《さんか》国は「フランス、アメリカ、イギリス、西ドイツ（当時）、日本、イタリアの6カ国」です。エは、第《だい》7・8段落《だんらく》にあるように、G7サミットが日本で開《ひら》かれるのは2023年で7回目になり、岸田文雄首相《きしだふみおしゅしょう》の意向《いこう》で広島《ひろしま》が開催場所《かいさいばしょ》に選《えら》ばれました。

5 正解の基準

・それぞれ解答《かいとう》通り。

アドバイス

○第《だい》2段落《だんらく》にあるように、「G7はフランス、アメリカ、イギリス、ドイツ、日本、イタリア、カナダの7カ国」とヨーロッパ連合《れんごう》（EU）で構成《こうせい》されます。

○第《だい》8段落《だんらく》にあるように、G7広島《ひろしま》サミットの「最大《さいだい》のテーマはロシアによるウクライナ侵攻《しんこう》」でした。また、「『核兵器《かくへいき》のない世界《せかい》』に向《む》けたメッセージを発信《はっしん》する狙《ねら》い」もありました。

6 正解の基準

・今後のG7サミットではどのようなことを話し合うべきだと思うか、自分なりの意見《いけん》を述《の》べられていれば正解《せいかい》。

アドバイス

○記事《きじ》中の図表《ずひょう》にあるように、G7広島《ひろしま》サミットでは「世界経済《せかいけいざい》や経済安全保障《けいざいあんぜんほしょう》、気候変動《きこうへんどう》、エネルギー、ジェンダー平等《びょうどう》、人工知能《ちのう》（AI）などもテーマに」なりました。G7サミットでは、気候変動対策《きこうへんどうたいさく》として温室効果《おんしつこうか》ガスの排出削減《はいしゅつさくげん》などを追求《ついきゅう》するとともに、核兵器《かくへいき》をなくすことを含《ふく》めた世界平和《せかいへいわ》や、食料危機《しょくりょうきき》に直面《ちょくめん》する途上《とじょう》国への支援《しえん》、世界《せかい》の移民《いみん》・難民《なんみん》の問題《もんだい》などについて話し合うべきだと考えられます。

○こうした点をふまえて、自分なりの考えをまとめましょう。

読解3 解答と解説

生成《せいせい》AI 学校での使用《しよう》

このページの目標

文部《もんぶ》科学省《しょう》は2023年7月、「生成《せいせい》AI」を学校で使《つか》う際《さい》の留意《りゅうい》点をまとめたガイドラインを公表《こうひょう》しました。生成《せいせい》AIを使《つか》うときに気をつけるべきことや、学校での取《と》り組み事例《じれい》を学び、宿題《しゅくだい》や課題《かだい》に生成《せいせい》AIを使《つか》うことについて考えましょう。

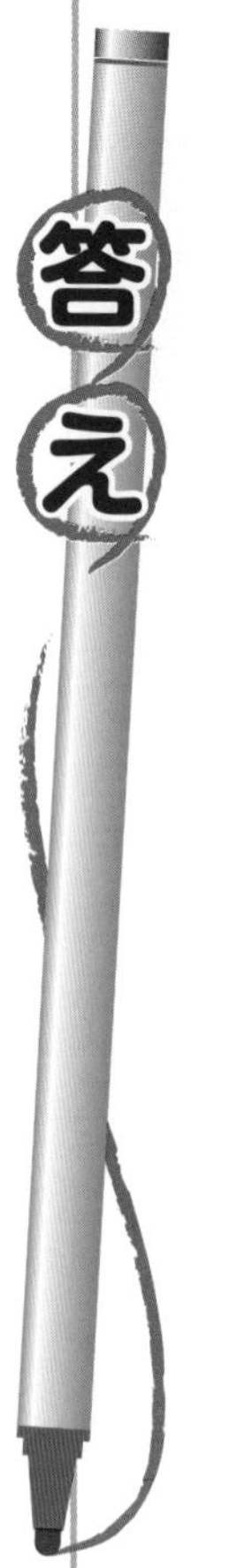

読解3

生成《せい》AI 学校での使用《し》

教員《きょういん》のリテラシー不足《ぶそく》が課題《かだい》

2023年7月5日掲載《けいさい》記事《きじ》を元《もと》に作成《さくせい》

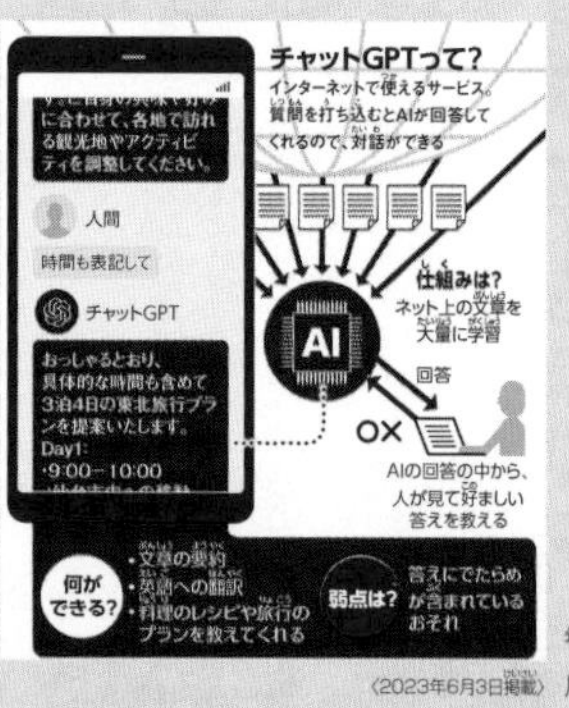

〈2023年6月3日掲載《けいさい》〉

1 文章《ぶんしょう》や画像《がぞう》を自動《じどう》的《てき》に作り出す「生成《せいせい》AI（人工知能《ちのう》）」について、文部《もんぶ》科学省《しょう》は2023年7月、学校で使《つか》う際《さい》の留意《りゅうい》点をまとめたガイドライン（指針《ししん》）を公表《こう》した。

2 指針《ししん》は国公私立《こっこうしりつ》の小学校～高校向《む》け。「基本的《きほんてき》な考え方」として、「生成《せいせい》AIを近い将来《しょうらい》使いこなすための力を意識《いしき》的《てき》に育《そだ》てる姿勢《しせい》は重要《じゅうよう》」とした。そのうえで、生成《せいせい》AIにすべてを委《ゆだ》ねるのではなく、自分の判断《はんだん》や考えが重要《じゅうよう》であることを子どもたちに理解《りかい》させることが必要《ひつよう》だと強調《きょうちょう》。子どもの発達《はったつ》の段階《だんかい》を踏《ふ》まえて利用《りよう》が効果的《こうかてき》かを考慮《こうりょ》すべきだとし、特《とく》に小学校段階《だんかい》で使《つか》わせることには慎重《しんちょう》な対応《たいおう》が必要《ひつよう》とした。

3 適切《てきせつ》ではない使《つか》い方として、夏休みの課題《かだい》などで生成《せいせい》AIに作らせたものをそのまま自分の成果物《せいかぶつ》として提出《ていしゅつ》することなどを例示《れいじ》。適切《てきせつ》な活用例《れい》としては、生成《せいせい》AIがつくった誤《あやま》りを含《ふく》む回答を教材《きょうざい》にして、その性質《せいしつ》や限界《げんかい》を

●上の記事《きじ》を読んで後の問《と》いに答えましょう。

1 生成《せいせい》AIを学校で使《つか》う際《さい》の留意《りゅうい》点をまとめた指針《ししん》は、子どもたちに何を理《り》解《かい》させることが必要《ひつよう》だとしていますか。記事《きじ》を参考《さんこう》に書きましょう。

例 生成《せいせい》AIにすべてを委《ゆだ》ねるのではなく、自分の判断《はんだん》や考えが重要《じゅうよう》であること。

2 指針《ししん》が例示《れいじ》した生成《せいせい》AIの適切《てきせつ》ではない使《つか》い方と適切《てきせつ》な活用例《れい》について、それぞれ記事《きじ》を参考《さんこう》に説明《せつめい》しましょう。

●適切《てきせつ》ではない使《つか》い方

例 夏休みの課題《かだい》などで生成《せいせい》AIに作らせたものをそのまま自分の成果物《せいかぶつ》として提出《ていしゅつ》すること。

●適切《てきせつ》な活用例《れい》

例 生成《せいせい》AIがつくった誤《あやま》りを含《ふく》む回答を教材《きょうざい》にして、その性質《せいしつ》や限界《げんかい》を学んでもらうこと。

3 チャットGPTを使《つか》ううえで、どのようなことに気をつける必要《ひつよう》がありますか。記事《きじ》中の図表《ずひょう》から読《よ》み取《と》れることを書きましょう。

解答のポイント

それぞれ、次《つぎ》のようなポイントが読《よ》み取《と》れているかを確認《かくにん》しましょう。

正解の基準 1 アドバイス

・模範解答《もはんかいとう》と同じような内容《ないよう》であれば正解《せいかい》。

○第《だい》1・2段落《だんらく》にあるように、文部《もんぶ》科学省《しょう》は2023年7月、「生成《せいせい》AI（人工知能《ちのう》）」を学校で使《つか》う際《さい》の「留意《りゅうい》点をまとめたガイドライン（指針《ししん》）を公表《こうひょう》」しました。「生成《せいせい》AIにすべてを委《ゆだ》ねるのではなく、自分の判断《はんだん》や考えが重要《じゅうよう》であることを子どもたちに理解《りかい》させることが必要《ひつよう》だと強調《きょうちょう》」しています。

正解の基準 2 アドバイス

・それぞれ模範解答《もはんかいとう》と同じような内容《ないよう》であれば正解《せいかい》。

○第《だい》3段落《だんらく》にあるように、文科省《しょう》は指針《ししん》で、適切《てきせつ》ではない生成《せいせい》AIの使《つか》い方として、「夏休みの課題《かだい》などで生成《せいせい》AIに作らせたものをそのまま自分の成果物《せいかぶつ》として提出《ていしゅつ》することなどを例示《れいじ》」しました。また、「適切《てきせつ》な活用例《れい》としては、生成《せいせい》AIがつくった誤《あやま》りを含《ふく》む回答を教材《きょうざい》にして」、生成《せいせい》AIの性質《せいしつ》や限界《げんかい》を生《せい》徒《と》に学んでもらうことなどを挙《あ》げました。

正解の基準 3 アドバイス

・模範解答《もはんかいとう》と同じような内容《ないよう》であれば正解《せいかい》。

○記事《きじ》中の図表《ずひょう》にあるように、チャットGPTでは、生成《せいせい》AIがネット上の文章《ぶんしょう》を大量《たいりょう》に学習《がくしゅう》します。質問《しつもん》を打《う》ち込《こ》むとAIが回答して対話《たいわ》をすることができ、文章《ぶんしょう》の要約《ようやく》や英語《えいご》への翻訳《ほんやく》などに役立《やくだ》てることができます。しかし、AIの答えにはでたらめが含《ふく》まれているおそれがあるため、注意《ちゅうい》が必要《ひつよう》です。

正解の基準 4

・それぞれ解答《かいとう》通り。

生徒《せいと》に学んでもらうことなどを挙《あ》げた。全《すべ》ての学校で、情報《じょうほう》の真偽《しんぎ》を確《たし》かめる「ファクトチェック」の習慣《しゅうかん》づけも含《ふく》めた教育《きょういく》の充実《じゅうじつ》も必要《ひつよう》とうたった。

[4]すでに指針《ししん》を先取《さきど》りする形で生成《せいせい》AIを積極的《せっきょくてき》に活用する学校がある。石川県加賀《けんかが》市の市立橋立《はしたて》中学校では、2023年6月、2年生の総合学習《そうごうがくしゅう》で、「加賀《かが》市を魅力《みりょく》ある街《まち》にする」というテーマで街《まち》づくりの計画書を作る授業《じゅぎょう》が行われた。生徒《せいと》は3〜4人の班《はん》に分かれ、*チャットGPTから得《え》られる原案《げんあん》を活用しながら計画書を作成《さくせい》した。

[5]この授業《じゅぎょう》を行った①教諭《きょうゆ》は、同年春からチャットGPTを使《つか》った授業《じゅぎょう》を始《はじ》め、この日が6回目。「生成《せいせい》AIが子どもたちの生活に入ってくることはもう止められない。生成《せいせい》AIを使《つか》うと人間は思考を停止《ていし》すると言う人もいるが、適切《てきせつ》な答えを引き出すために考える力が必要《ひつよう》で、そこを教えるのが大事《だいじ》」と話す。出た回答をそのまま成果物《せいかぶつ》としないことや、回答に誤《あやま》りがないか確認《かくにん》して自分の言葉《ことば》でまとめる重要性《じゅうようせい》についても指導《しどう》してきた。

[6]一方、授業《じゅぎょう》で生成《せいせい》AIを使《つか》うような先進的《せんしんてき》な取《と》り組《く》みは、まだ一部《いちぶ》にとどまる。②中国地方の私立《しりつ》中高一貫《いっかん》校の教員《きょういん》は「自分で生成《せいせい》AIを使《つか》ったことがなく、利点《りてん》や欠点《けってん》をよく知らないなかで指導《しどう》するのが不安《ふあん》」と打《う》ち明《あ》ける。指針《ししん》は教員《きょういん》にも「一定《いってい》のAI *リテラシー（使《つか》いこなす能力《のうりょく》）」を持《も》つよう求《もと》めているが、多忙《たぼう》で自分がAIについて学ぶ時間は限《かぎ》られているという。

[7]指針《ししん》は夏休みの課題《かだい》について、生成《せいせい》AIの使用《しよう》を一部認《いちぶみと》めた。この点を疑問視《ぎもんし》する声もある。東京都内《とない》のある区立《くりつ》中学校の校長は「宿題《しゅくだい》は全《すべ》て自分の頭で考えてもらう想定《そうてい》で出している。一部《いちぶ》にでも使《つか》うと学習効果《がくしゅうこうか》が十分にならないのでは」と懸念《けねん》する。課題《かだい》を出す際《さい》には自分の力を伸《の》ばすという目的《もくてき》を強調《きょうちょう》するつもりだという。

*チャットGPT…生成《せいせい》AIを使《つか》ったチャット（インターネット上で即時《そくじ》に行われる対《たい》話《わ》）サービス。質問《しつもん》に対《たい》して、AIが人間のように自然《しぜん》な言葉《ことば》で回答をする。

*リテラシー…ある分野に関《かん》する知識《ちしき》や、それを活用する能力《のうりょく》。

調べよう 留意《りゅうい》／ガイドライン／成果物《せいかぶつ》／真偽《しんぎ》／ファクトチェック

例 生成《せいせい》AIの回答には、でたらめが含《ふく》まれているおそれがあること。

4 生成《せいせい》AIに対《たい》する市立橋立《はしたて》中学校の――①「教諭《きょうゆ》」の考えについてまとめた次《つぎ》の文の□に当てはまる言葉《ことば》を、記事《きじ》中から抜《ぬ》き出《だ》しましょう。

適切《てきせつ》な答えを引き出すためには［考える力］が必要《ひつよう》で、出た回答をそのまま成果物《せいかぶつ》とせず、回答に［誤《あやま》り］がないか確認《かくにん》して［自分の言葉《ことば》］でまとめることが重要《じゅうよう》になる。

5 ――②「中国地方の私立《しりつ》中高一貫《いっかん》校の教員《きょういん》」は、授業《じゅぎょう》での生成《せいせい》AIの使用《しよう》に関《かん》して、どのようなことに不安《ふあん》を感《かん》じていますか。記事《きじ》を参考《さんこう》に書きましょう。

例 自分で生成《せいせい》AIを使《つか》ったことがなく、利点《りてん》や欠点《けってん》をよく知らないなかで指導《しどう》すること。

6 学校の宿題《しゅくだい》や夏休みの課題《かだい》に生成《せいせい》AIを使《つか》うことについてどう思うか、あなたの考えを書きましょう。

例 生成《せいせい》AIを使《つか》いこなす力を養《やしな》うことは必要《ひつよう》だが、宿題《しゅくだい》や課題《かだい》は自分の頭で考えることが大切なので、使用《しよう》には慎重《しんちょう》になるべきだ。

生成《せいせい》AIでどんなことができるか、調《しら》べてみよう。

39

調べよう

・**留意《りゅうい》**　十分に気をつけること。注意《ちゅうい》すること。

・**ガイドライン**　政府《せいふ》や団体《だんたい》などが示《しめ》す、大まかな指針《ししん》（目指《めざ》す方向《ほうこう》）。

・**成果物《せいかぶつ》**　作業《さぎょう》や活動《かつどう》などによって作り出された物《もの》、得《え》られた物《もの》。

・**真偽《しんぎ》**　本当か、うそか。

・**ファクトチェック**　情報《じょうほう》などが事実《じじつ》かどうかを確《たし》かめること。

アドバイス

○第《だい》[4]・[5]段落《だんらく》にあるように、石川県加賀《けんかが》市立橋立《はしたて》中学校では生《せい》成AIを授業《じゅぎょう》で積極的《せっきょくてき》に活用しています。授業《じゅぎょう》を行った記事《きじ》中の教諭《きょうゆ》は、生成《せいせい》AIから「適切《てきせつ》な答えを引き出すために考える力が必要《ひつよう》で、そこを教えるのが大事《だいじ》」と話しています。また、「出た回答をそのまま成果物《せいかぶつ》としないことや、回答に誤《あやま》りがないか確認《かくにん》して自分の言葉《ことば》でまとめる重要性《じゅうようせい》についても指導《しどう》して」います。

5 正解の基準

・模範解答《もはんかいとう》と同じような内容《ないよう》であれば正解《せいかい》。

アドバイス

○第《だい》[6]段落《だんらく》にあるように、記事《きじ》中の中国地方の私立《しりつ》中高一貫《いっかん》校の教員《きょういん》は「自分で生成《せいせい》AIを使《つか》ったことがなく、利点《りてん》や欠点《けってん》をよく知らないなかで指導《しどう》するのが不安《ふあん》」と話しています。「多忙《たぼう》で自分がAIについて学ぶ時間は限《かぎ》られている」教員《きょういん》もいるため、石川県加賀《かが》市立橋立《はしたて》中学校のように、授業《じゅぎょう》で生成《せいせい》AIを使《つか》うような先進的《せんしんてき》な取《と》り組《く》みは、まだ一部《いちぶ》にとどまっています。

6 正解の基準

・学校の宿題《しゅくだい》や夏休みの課題《かだい》に生成《せいせい》AIを使《つか》うことについてどう思うか、自分なりの意見《いけん》を述《の》べられていれば正解《せいかい》。

アドバイス

○第《だい》[2]段落《だんらく》にあるように、文科省《しょう》の指針《ししん》は「生成《せいせい》AIを近い将来《しょうらい》使《つか》いこなすための力を意識的《いしきてき》に育《そだ》てる姿勢《しせい》は重要《じゅうよう》」としています。第《だい》[5]・[7]段落《だんらく》にあるように、「生成《せいせい》AIが子どもたちの生活に入ってくることはもう止められない」という考えがある一方で、学校の宿題《しゅくだい》や夏休みの課題《かだい》について、生成《せいせい》AIを一部《いちぶ》にでも使《つか》うと「学習効果《がくしゅうこうか》が十分にならないのでは」との指摘《してき》もあります。生成《せいせい》AIに頼《たよ》り切るのではなく、自分の頭で考え、判《はん》断《だん》することが重要《じゅうよう》なので、宿題《しゅくだい》や課題《かだい》に生成《せいせい》AIを使《つか》うことには慎重《しんちょう》になるべきだと考えることができます。

○こうした点をふまえて、自分なりの考えをまとめましょう。

読解 4 解答と解説

感染症危機管理統括庁《かんせんしょうききかんりとうかつちょう》が発足《ほっそく》

このページの目標

2023年9月、「内閣感染症危機管理統括庁《ないかくかんせんしょうききかんりとうかつちょう》」が発足《ほっそく》しました。統括庁《とうかつちょう》の役割《やくわり》や、新型《しんがた》コロナの対応《たいおう》で明らかになった問題《もんだい》について学び、今後も起《お》こりうる感染症《かんせんしょう》の流行《りゅうこう》に対《たい》して、国や自治体《じちたい》はどのように備《そな》えておくべきかを考えましょう。

読解 4

感染症危機管理統括庁《かんせんしょうききかんりとうかつちょう》が発足《ほっそく》

次《つぎ》の感染症《かんせんしょう》危機《き》に備《そな》える

2023年9月1日掲載《けいさい》記事《きじ》を元に作成《さくせい》

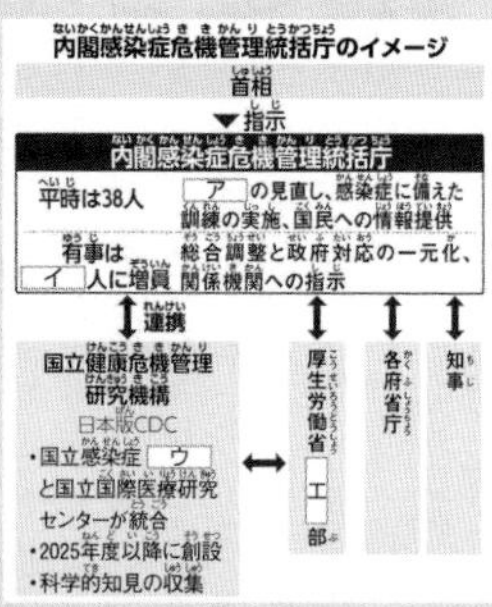

〈2023年9月1日掲載《けいさい》〉

[1] 2023年9月、政府《せいふ》の感染症対応《かんせんしょうたいおう》の司令塔《しれいとう》となる「内閣感染症危機管理統括庁《ないかくかんせんしょうききかんりとうかつちょう》」が発足《ほっそく》した。新型《しんがた》コロナウイルス対応《たいおう》の反省《はんせい》をふまえ、省庁《しょうちょう》や関係機関《かんけいきかん》とのやりとりを一つにまとめる。行動《こうどう》計画の見直しや訓練《くんれん》などを通じて、次《つぎ》の感染症危機《かんせんしょうきき》に備《そな》える。平時《へいじ》は38人の専従職員《せんじゅうしょくいん》で構成《こうせい》され、有事《ゆうじ》（非常事態《ひじょうじたい》が起《お》きたとき）は各省庁《かくしょうちょう》から職員《しょくいん》が加《くわ》わり、101人に増員《ぞういん》される。

[2] 新型《しんがた》コロナの初動対応《しょどうたいおう》では様々《さまざま》な問題《もんだい》が明らかになった。検査《けんさ》が十分に受《う》けられなかったり、保健所《ほけんじょ》に電話がつながらなかったりする事態《じたい》が発生《はっせい》した。専門的《せんもんてき》な治療《ちりょう》が必要《ひつよう》な重症者《じゅうしょうしゃ》が入院《にゅういん》できない事例《じれい》も少なくなかった。ワクチン開発《かいはつ》も海外から大きく後《おく》れをとった。このほか、空港《くうこう》での水際対策《みずぎわたいさく》や一斉《いっせい》休校による混乱《こんらん》、*緊急事態宣言《きんきゅうじたいせんげん》などに伴《ともな》う飲食店《いんしょくてん》への休業要請《きゅうぎょうようせい》などでも関係者《かんけいしゃ》は振《ふ》り回《まわ》された。

[3] *2009年の新型《しんがた》インフルエンザの流行《りゅうこう》をまとめた報告書《ほうこく》では、「突然《とつぜん》の

●上の記事《きじ》を読んで後の問《と》いに答えましょう。

1 内閣感染症危機管理統括庁《ないかくかんせんしょうききかんりとうかつちょう》とは、どのような組織《そしき》ですか。「司令塔《しれいとう》」「関係《かんけい》機関《きかん》」という言葉《ことば》を使《つか》って、記事《きじ》を参考《さんこう》に説明《せつめい》しましょう。

例 省庁《しょうちょう》や関係機関《かんけいきかん》とのやりとりを一つにまとめる、政府《せいふ》の感染症対応《かんせんしょうたいおう》の司令塔《しれいとう》。

2 新型《しんがた》コロナの初動対応《しょどうたいおう》で起《お》きた問題《もんだい》をまとめた次《つぎ》の文章《ぶんしょう》の□に当てはまる言葉《ことば》を、記事中《きじ》から抜《ぬ》き出《だ》しましょう。

［保健所《ほけんじょ》］に電話がつながらず、［重症者《じゅうしょうしゃ》］が入院《にゅういん》できない事例《じれい》も多く発生《はっせい》した。［ワクチン］開発《かいはつ》も遅《おく》れ、空港《くうこう》での水際対策《みずぎわたいさく》や飲食店《いんしょくてん》への［休業要請《きゅうぎょうようせい》］で混乱《こんらん》があった。

3 内閣感染症危機管理統括庁《ないかくかんせんしょうききかんりとうかつちょう》は、何をすることが想定《そうてい》されていますか。次《つぎ》に挙《あ》げる言葉《ことば》を使って、それぞれ記事《きじ》を参考《さんこう》に説明《せつめい》しましょう。

●縦割《たてわ》り

例 各省庁《かくしょうちょう》の縦割《たてわ》りをなくし、平時《へいじ》から国民《こくみん》生活に関《かか》わる幅広《はばひろ》い分野の対策《たいさく》にあたること。

感染症《かんせんしょう》を引《ひ》き起《お》こすウイルスだよ。2019年12月に中国の武漢《ぶかん》市で発生《はっせい》が確認《かくにん》された新型《しんがた》コロナウイルスは日本を含《ふく》めた世界《せかい》中に広がって、多くの感染者《かんせんしゃ》・死者《ししゃ》を出したんだ。変異《へんい》を繰《く》り返《かえ》して、2023年10月時点でも終息《しゅうそく》していないよ。

40

解答のポイント

それぞれ、次《つぎ》のようなポイントが読《よ》み取《と》れているかを確認《かくにん》しましょう。

正解の基準 1

・模範解答《もはんかいとう》と同じような内容《ないよう》であれば正解《せいかい》。

アドバイス

○第《だい》[1]段落《だんらく》にあるように、2023年9月、「内閣感染症危機管理統括庁《ないかくかんせんしょうききかんりとうかつちょう》」が発足《ほっそく》しました。「政府《せいふ》の感染症対応《かんせんしょうたいおう》の司令塔《しれいとう》」で、「新型《しんがた》コロナウイルス対応《たいおう》の反省《はんせい》をふまえ、省庁《しょうちょう》や関係機関《かんけいきかん》とのやりとりを一つに」まとめます。

正解の基準 2

・それぞれ解答《かいとう》通り。

アドバイス

○第《だい》[2]段落《だんらく》にあるように、「新型《しんがた》コロナの初動対応《しょどうたいおう》では様々《さまざま》な問題《もん》が明らかに」なりました。保健所《ほけんじょ》に電話がつながらず、重症者《じゅうしょうしゃ》が入院《にゅういん》できない事例《じれい》も多く発生《はっせい》しました。ワクチン開発《かいはつ》も大きく後れをとり、空港《くうこう》での水際対策《みずぎわたいさく》や緊急事態宣言《きんきゅうじたいせんげん》などに伴《ともな》う飲食店《いんしょくてん》への休業要請《きゅうぎょうようせい》などでも混乱《こんらん》がありました。

正解の基準 3

・それぞれ模範解答《もはんかいとう》と同じような内容《ないよう》であれば正解《せいかい》。

アドバイス

○第《だい》[4]段落《だんらく》にあるように、新型《しんがた》コロナへの対応《たいおう》の反省《はんせい》をふまえ、「統括庁《とうかつちょう》は各省庁《かくしょうちょう》の縦割《たてわ》りをなくし、平時《へいじ》から国民《こくみん》生活に関《かか》わる幅広《はばひろ》い分野の対策《たいさく》」にあたります。また、「医療《いりょう》提供《ていきょう》体制《たいせい》やワクチン開発《かいはつ》のほか、感染対策《かんせんたいさく》と経済活動《けいざいかつどう》との両立《りょうりつ》などについて見直し」を進《すす》めます。

正解の基準 4

・模範解答《もはんかいとう》と同じような内容《ないよう》であれば正解《せいかい》。

アドバイス

○第《だい》[5]段落《だんらく》にあるように、「政策判断《せいさくはんだん》のための科学的《てき》な根拠《こんきょ》を速《すみ》

大規模《きぼ》な集団発生《しゅうだんはっせい》に対応《たいおう》するための具体的《ぐたいてき》な行動計画《こうどうけいかく》がなかった」と、平時《へいじ》の準備不足《じゅんびぶそく》が指摘《してき》されていた。それなのに、その教訓《きょうくん》は生かされなかった。

[4]こうした反省《はんせい》をふまえ、統括庁《とうかつちょう》は各省庁《かくしょうちょう》の縦割《たてわ》りをなくし、平時《へいじ》から国民《こくみん》生活に関《かか》わる幅広《はばひろ》い分野の対策《たいさく》にあたる。2013年に策定《さくてい》した「新型《しんがた》インフルエンザ等対策政府行動計画《とうたいさくせいふこうどうけいかく》」を改定《かいてい》し、医療提供体制《いりょうていきょうたいせい》やワクチン開発《かいはつ》のほか、感染対策《かんせんたいさく》と経済活動《けいざいかつどう》との両立《りょうりつ》などについて見直しを進《すす》める。

[5]政策判断《せいさくはんだん》のための科学的《てき》な根拠《こんきょ》を速《すみ》やかに集《あつ》め、政府《せいふ》に提供《ていきょう》する仕組《しく》みも強化《きょうか》する。国立感染症研究所《かんせんしょうけんきゅうじょ》と、国立国際医療研究《こくさいいりょうけんきゅう》センターを統合《とうごう》した「国立健康危機管理研究機構《けんこうききかんりけんきゅうきこう》（日本版《ばん》CDC）」が2025年度以降《ねんどいこう》に発足《ほっそく》。病原体《びょうげんたい》の情報《じょうほう》をつかみ、政府《せいふ》に情報《じょうほう》や知見を提供《ていきょう》する役割《やくわり》を担《にな》う。

[6]統括庁《とうかつちょう》の発足《ほっそく》に伴《ともな》って廃止《はいし》された新型《しんがた》コロナ対策《たいさく》分科会の元会長は「新型《しんがた》コロナ対応《たいおう》では、自治体《じちたい》や医療現場《いりょうげんば》にある感染症《かんせんしょう》の疫学情報《えきがくじょうほう》がなかなか国に届《とど》かなかった。国として個人情報《こじんじょうほう》やデジタル化《か》の課題《かだい》に取《と》り組《く》む必要《ひつよう》がある。また、地域《ちいき》の疫学情報《えきがくじょうほう》を分析《ぶんせき》する専門《せんもん》家の育成《いくせい》にも力を入れるべきだ」と指摘《してき》する。

[7]医療機関《いりょうきかん》などを所管《しょかん》し感染症対策《かんせんしょうたいさく》の要《かなめ》となる厚生労働省《こうせいろうどうしょう》も、統括庁《とうかつちょう》と同じ日に感染症対策部《かんせんしょうたいさくぶ》を新設《しんせつ》した。複数《ふくすう》の部局《ぶきょく》にまたがっていた感染症対応《かんせんしょうたいおう》や危機管理《ききかんり》に関《かん》する組織《そしき》を統合《とうごう》。統括庁《とうかつちょう》と連携《れんけい》し、分析《ぶんせき》や検査《けんさ》、予防接種《よぼうせっしゅ》や保健所《ほけんじょ》の指導《しどう》などについて、感染症危機《かんせんしょうきき》への準備《じゅんび》を進《すす》める。

[8]元会長は「今後もコロナのようなパンデミックは高い頻度《ひんど》でやってくるという前提《ぜんてい》で、医療制度《いりょうせいど》の構造的《こうぞうてき》な問題《もんだい》への対応《たいおう》も必要《ひつよう》だ」とする。

＊緊急事態宣言《きんきゅうじたいせんげん》…緊急事態《きんきゅうじたい》によって国民《こくみん》の生活や経済《けいざい》に大きな影響《えいきょう》が出る恐《おそ》れがある場合に首相《しゅしょう》が宣言《せんげん》し、対象《たいしょう》となった都道府県《とどうふけん》の知事《ちじ》は外出の自粛《じしゅく》などを要請《ようせい》する。新型《しんがた》コロナウイルス感染症《かんせんしょう》の広がりを抑《おさ》えるため、2021年までに4回出された。

＊2009年の新型《しんがた》インフルエンザ…2009年から2010年にかけて、日本を含《ふく》めた世界中《せかい》で新種《しんしゅ》のインフルエンザウイルスの感染《かんせん》が流行《りゅうこう》したこと。

調べよう 司令塔《しれいとう》／専従《せんじゅう》／初動対応《しょどうたいおう》／水際対策《みずぎわたいさく》／縦割《たてわ》り／CDC／疫学《えきがく》／所管《しょかん》／パンデミック

●見直し

例 医療提供体制《いりょうていきょうたいせい》やワクチン開発《かいはつ》のほか、感染対策《かんせんたいさく》と経済活動《けいざいかつどう》との両立《りょうりつ》の見直しを進《すす》めること。

4 2025年度以降《ねんどいこう》に発足予定《ほっそくよてい》の国立健康危機管理研究機構《けんこうききかんりけんきゅうきこう》は、どのような役割《やくわり》を担《にな》いますか。記事《きじ》を参考《さんこう》に書きましょう。

例 病原体《びょうげんたい》の情報《じょうほう》をつかみ、政府《せいふ》に情報《じょうほう》や知見を提供《ていきょう》する役割《やくわり》。

5 記事《きじ》中の図表《ずひょう》のア～エに当てはまる数字や言葉《ことば》を、それぞれ記事《きじ》中から抜《ぬ》き出《だ》しましょう。

ア 行動《こうどう》計画
イ 101
ウ 研究所《けんきゅうじょ》
エ 感染症対策《かんせんしょうたいさく》

6 今後も起《お》こりうる感染症《かんせんしょう》の流行《りゅうこう》に対《たい》して、国や自治体《じちたい》はどのように備《そな》えておくべきだと思いますか。あなたの考えを書きましょう。

例 医療機関《いりょうきかん》や専門《せんもん》家などと協力《きょうりょく》して行動《こうどう》計画や設備《せつび》、制度《せいど》を整《ととの》え、流行《りゅうこう》のきざしがあったらすぐに対応《たいおう》できるように備《そな》えておくべきだ。

外国の感染症対策《かんせんしょうたいさく》の組織《そしき》について調《しら》べてみよう。

41

調べよう

・**司令塔《しれいとう》** ここでは、全体《ぜんたい》の指示《しじ》を出す人や部署《ぶしょ》。
・**専従《せんじゅう》** その仕事《しごと》だけに従事《じゅうじ》する（携《たずさ》わる）こと。
・**初動対応《しょどうたいおう》** 緊急事態《きんきゅうじたい》が発生《はっせい》した直後の対応《たいおう》。
・**水際対策《みずぎわたいさく》** 病原体《びょうげんたい》や有害生物《ゆうがいせいぶつ》などが国内に入《はい》り込《こ》むのを防《ふせ》ぐこと。新型《しんがた》コロナの感染拡大《かんせんかくだい》に伴《ともな》い、政府《せいふ》は一時、日本への入国制限《せいげん》をしていた。
・**縦割《たてわ》り** ここでは、省庁《しょうちょう》ごとに業務《ぎょうむ》が行われ、省庁《しょうちょう》間の連絡《れんらく》や協力関係《きょうりょくかんけい》がないこと。
・**CDC** アメリカの疾病対策《しっぺいたいさく》センター。感染症《かんせんしょう》の予防《よぼう》・管理《かんり》を担《にな》う政府機関《せいふきかん》。
・**疫学《えきがく》** 人の集団《しゅうだん》の中で発生《はっせい》する病気《びょうき》の原因《げんいん》や予防《よぼう》などを研究《けんきゅう》する学問《がくもん》。
・**所管《しょかん》** 責任《せきにん》や権限《けんげん》を持《も》って、ある範囲《はんい》の仕事《しごと》を管理《かんり》すること。
・**パンデミック** 感染症《かんせんしょう》が世界的《せかいてき》に大流行《りゅうこう》すること。

やかに集《あつ》め、政府《せいふ》に提供《ていきょう》する仕組《しく》みも強化《きょうか》」します。2025年度以降《ねんどいこう》に発足《ほっそく》する「国立健康危機管理研究機構《けんこうききかんりけんきゅうきこう》（日本版《ばん》CDC）」は「病原体《びょうげんたい》の情報《じょうほう》をつかみ、政府《せいふ》に情報《じょうほう》や知見を提供《ていきょう》する役割《やくわり》」を担《にな》います。

5 正解の基準

・**それぞれ解答《かいとう》通り。**

アドバイス

○第《だい》[1]段落《だんらく》にあるように、統括庁《とうかつちょう》は「行動《こうどう》計画の見直しや訓練《くんれん》などを通じて、次《つぎ》の感染症危機《かんせんしょうきき》」に備《そな》えます。「平時《へいじ》は38人の専《せん》従職員《じゅうしょくいん》で構成《こうせい》され」、有事《ゆうじ》は101人に増員《ぞういん》されます。

○第《だい》[5]・[7]段落《だんらく》にあるように、「国立感染症研究所《かんせんしょうけんきゅうじょ》と、国立国際《こくさい》医療研究《いりょうけんきゅう》センター」を統合《とうごう》して国立健康危機管理研究機構《けんこうききかんりけんきゅうきこう》が発《ほっ》足《そく》します。また、厚生労働省《こうせいろうどうしょう》が新設《しんせつ》した感染症対策部《かんせんしょうたいさくぶ》は統括庁《とうかつちょう》と連携《れんけい》し、感染症危機《かんせんしょうきき》への準備《じゅんび》を進《すす》めます。

6 正解の基準

・**感染症《かんせんしょう》の流行《りゅうこう》に対《たい》して、国や自治体《じちたい》はどのように備《そな》えておくべきだと思うか、自分なりの意見《いけん》を述《の》べられていれば正解《せいかい》。**

アドバイス

○第《だい》[3]段落《だんらく》にあるように、2009年の新型《しんがた》インフルエンザの流《りゅう》行《こう》をまとめた報告《ほうこく》書では「平時《へいじ》の準備不足《じゅんびぶそく》が指摘《してき》されて」いましたが、新型《しんがた》コロナの流行《りゅうこう》でその教訓《きょうくん》は生かされませんでした。第《だい》[8]段落《だんらく》にあるように、新型《しんがた》コロナ対策《たいさく》分科会の元会長は「今後もコロナのようなパンデミックは高い頻度《ひんど》でやってくるという前提《ぜんてい》で、医療制度《いりょうせいど》の構造的《こうぞうてき》な問題《もんだい》への対応《たいおう》も必要《ひつよう》だ」と指摘《してき》しています。今後も起《お》こりうる感染症《かんせんしょう》の流行《りゅうこう》に対《たい》して、国や自《じ》治体《ちたい》は、医療機関《いりょうきかん》や専門《せんもん》家などと協力《きょうりょく》して行動《こうどう》計画や医療現場《いりょうげんば》の設備《せつび》、医療制度《いりょうせいど》を整《ととの》える必要《ひつよう》があります。そのうえで、感染《かんせん》症《しょう》の流行《りゅうこう》のきざしがあったら、すぐに対応《たいおう》できるように平時《へいじ》から備《そな》えておくべきだと考えられます。

○こうした点をふまえて、自分なりの考えをまとめましょう。

読解 5 解答と解説

7月の平均気温《へいきんきおん》 観測史上最高《かんそくしじょうさいこう》

このページの目標《もくひょう》

2023年の7月は日本の観測史上《かんそくしじょう》、最《もっと》も平均気温《へいきんきおん》が高かったことが分かりました。猛暑《もうしょ》は日本だけでなく、世界各地《せかいかくち》を襲《おそ》っています。気温《きおん》が上がった原因《げんいん》について学び、地球温暖化《ちきゅうおんだんか》を防《ふせ》ぐためにできることを考えてみましょう。

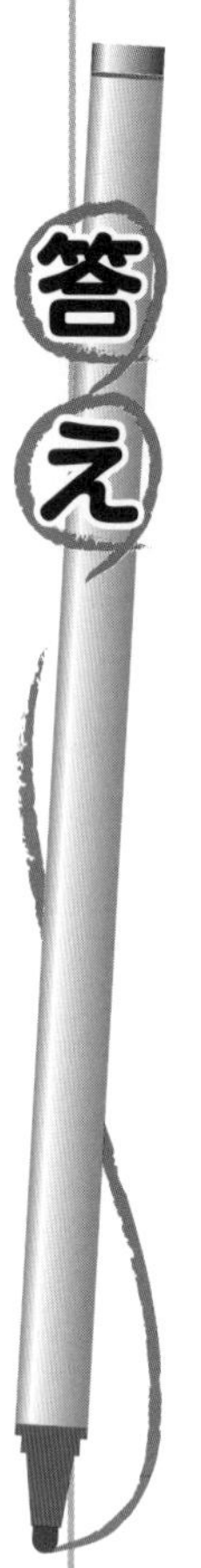

読解 5

7月の平均《へい》気《き》温《おん》 観《かん》測《そく》史《し》上《じょう》最《さい》高《こう》

【地球温暖化《ちきゅうおんだんか》】

地球全体《ちきゅうぜんたい》の平均気温《へいきんきおん》が上がることだよ。石炭《せきたん》や石油《せきゆ》などの化石燃料《かせきねんりょう》を大量《たいりょう》に使《つか》うようになって、二酸化炭素《にさんかたんそ》やメタンなどの温室効果《おんしつこうか》ガスが大気中に増《ふ》え、熱《ねつ》を吸収《きゅうしゅう》して地球《ちきゅう》を温《あたた》める効果《こうか》が高まったことが原因《げんいん》と考えられているんだ。

地球《ちきゅう》温《おん》暖《だん》化《か》の影《えい》響《きょう》

2023年8月2日掲載記事《けいさいきじ》を元に作成《さくせい》

[1] 2023年の7月は日本の観測史上《かんそくしじょう》、最《もっと》も平均気温《へいきんきおん》が高かったことが、気象庁《きしょうちょう》の観測《かんそく》データの分析《ぶんせき》から分かった。地球《ちきゅう》温暖化《おんだんか》の影響《えいきょう》で気温《きおん》が上がりやすくなっていたことに加《くわ》え、7月下旬《げじゅん》にフィリピン周辺《しゅうへん》を台風が立《た》て続《つづ》けに通過《つうか》し、太平《たいへい》洋《よう》高気圧《こうきあつ》の勢力《せいりょく》が強まって気温《きおん》が上がったとみられる。

[2] 気象庁《きしょうちょう》は全国《ぜんこく》で観測《かんそく》した1時間ごとの気温《きおん》を平均《へいきん》し、その日の平均気温《へいきんきおん》として公開《こうかい》している。朝日新聞はこのうち、気《き》象庁《しょうちょう》が国内の平均気温《へいきんきおん》の基準《きじゅん》としている15の観測所《かんそくじょ》について、気象庁《きしょうちょう》の専門家《せんもんか》の監修《かんしゅう》のもと、データがある1898年以降《いこう》の7月1〜31日の平均気温《へいきんきおん》から各年《かくねん》の7月の平均気温《へいきんきおん》を出した。

[3] その結果《けっか》、2023年7月の平均気温《へいきんきおん》は25・96度《ど》だった。7月上旬《じょうじゅん》は24度《ど》前後でそこまで暑《あつ》くなかったが、10日ごろから26度《ど》を超《こ》える日が相次《あいつ》いだ。これまでで最《もっと》も暑《あつ》かった1978年7月の平均気温《へいきんきおん》は25・58度《ど》。2023年は45年ぶりに記《き》録《ろく》を更新《こうしん》した。

[4] 熱中症《ねっちゅうしょう》の救急搬送《きゅうきゅうはんそう》も急増《きゅうぞう》している。総《そう》務省消防庁《むしょうしょうぼうちょう》の速報値《そくほうち》では、7月3〜30日の4週間で、全国《ぜんこく》の搬送《はんそう》数は3万3千人に達《たっ》した。

[5] この126年で、7月の平均気温《へいきんきおん》は1・5度《ど》ほど上がった。特《とく》に2000年以降《いこう》は気温《きおん》の上がり方が急激《きゅうげき》になっている。最高気温《さいこうきおん》が35度以上《どいじょう》の＊猛暑《もうしょ》日は、1920年ごろまではゼロの年もあったが、2000年ごろから急《きゅう》に増《ふ》え始《はじ》めた。

[6] 都市部《としぶ》はさらに激《はげ》しい。東京都千代田《ちよだ》区《く》と名古屋《なごや》市千種区《ちくさく》、大阪《おおさか》市中央区《ちゅうおうく》、福《ふく》岡《おか》市中央区《ちゅうおうく》の4観測所《かんそくじょ》を調《しら》べたところ、2023年7月の平均気温《へいきんきおん》は28・84度《ど》。この126年で2・3度《ど》上がった。専門《せんもん》家や気象庁《きしょうちょう》は「猛暑《もうしょ》を底上《そこあ》げしているのが温暖化《おんだんか》なのは間違《まちが》いない」と指摘《してき》する。

[7] 猛暑《もうしょ》は日本だけでなく世界各地《せかいかくち》を襲《おそ》っている。国連《こくれん》のグテーレス事務総長《じむそうちょう》は「地球温暖化《ちきゅうおんだんか》の時代《じだい》は終《お》わり、地球沸騰《ちきゅうふっとう》の時代《じだい》が来た」と強調《きょうちょう》した。

[8] 世界気象機関《せかいきしょうきかん》（WMO）とヨーロッパ連合《れんごう》（EU）の気象情報機関《きしょうじょうほうきかん》「コペルニクス気候変動《きこうへんどう》サービス（C3S）」は2023年7月、同月の世界《せかい》の平均気温《へいきんきおん》が観《かん》測史上最《そくしじょうもっと》も高くなる見込《みこ》みだと発表《はっぴょう》した。

[9] 温暖化《おんだんか》の原因《げんいん》は、化石燃料《かせきねんりょう》を燃《も》やすことで出る温室効果《おんしつこうか》ガスだ。

[10] 1992年に採択《さいたく》された＊気候変動枠《きこうへんどうわく》組《ぐ》み条約《じょうやく》では「大気中の温室効果《おんしつこうか》ガスの濃度《のうど》を安定化《あんていか》させる」とうたうが、30年以上《いじょう》たった今も、排出量《はいしゅつりょう》は増《ふ》え続《つづ》けている。排出量《はいしゅつりょう》の8割《わり》を占《し》めるのが日本や中国、アメリカなどを含《ふく》む主要《しゅよう》20カ国・地域《ちいき》（G20）だ。

[11] 世界《せかい》は、産業革命《さんぎょうかくめい》前からの気温上昇《きおんじょうしょう》を1・5度《ど》に抑《おさ》える目標《もくひょう》を掲《かか》げる。2023年3月の国連気候変動《こくれんきこうへんどう》に関《かん》する政府《せいふ》間パネル（IPCC）の報告《ほうこく》書では、そのために排出《はいしゅつ》を2035年までに60％減《へ》らす必要《ひつよう》があると報告《ほうこく》。実現可能《じつげんかのう》で効果的《こうかてき》な対策《たいさく》は「すでに利用可能《りようかのう》だ」とした。

[12] しかし、同年7月にインドで開《ひら》かれたG20のエネルギー相会合《しょうかいごう》や環境《かんきょう》相会合で

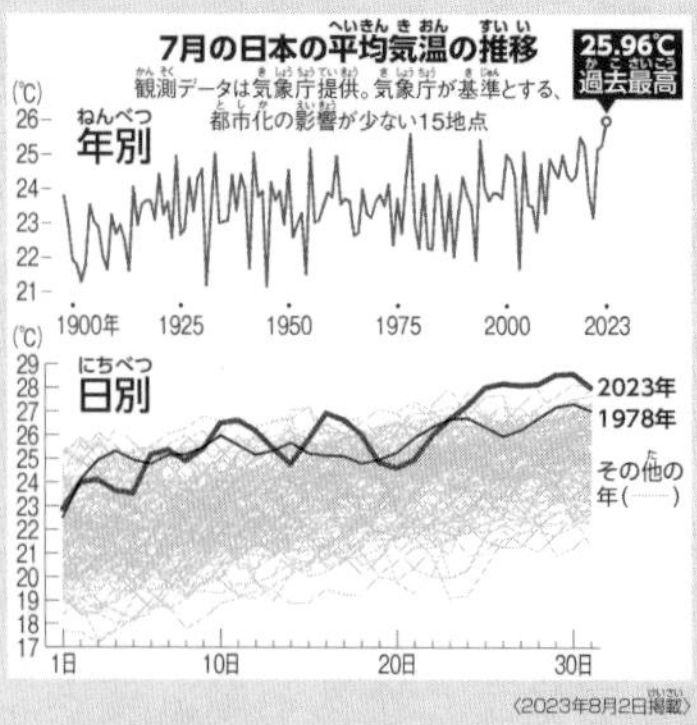

〈2023年8月2日掲載《けいさい》〉

解答のポイント

それぞれ、次《つぎ》のようなポイントが読《よ》み取《と》れているかを確認《かくにん》しましょう。

1 正解の基準 アドバイス

・それぞれ模範解答《もはんかいとう》と同じような内容《ないよう》であれば正解《せいかい》（順不同《じゅんふどう》）。

○第《だい》[1]段落《だんらく》にあるように、「2023年の7月は日本の観測史上《かんそくしじょう》、最《もっと》も平均気温《へいきんきおん》が高かったこと」が分かりました。原因《げんいん》として、「地球温暖化《ちきゅうおんだんか》の影響《えいきょう》で気温《きおん》が上がりやすくなっていたこと」と、「7月下旬《げじゅん》にフィリピン周辺《しゅうへん》を台風が立《た》て続《つづ》けに通過《つうか》し、太平《たいへい》洋《よう》高気圧《こうきあつ》の勢力《せいりょく》」が強まったことが挙《あ》げられています。

2 正解の基準 アドバイス

・模範解答《もはんかいとう》と同じような内容《ないよう》であれば正解《せいかい》。

○第《だい》[3]段落《だんらく》にあるように、2023年7月の日本の平均気温《へいきんきおん》は25・96度《ど》で、最《もっと》も暑《あつ》かった1978年の記録《きろく》を45年ぶりに更新《こうしん》しました。7月上旬《じょうじゅん》の平均気温《へいきんきおん》は24度《ど》前後でそこまで暑くありませんでしたが、10日ごろから26度《ど》を超《こ》える日が相次《あいつ》ぎました。

○記事《きじ》中のグラフの「日別《にちべつ》」で、2023年7月の平均気温《へいきんきおん》を1978年7月と比《くら》べると、10日ごろから2023年の方が平均《へいきん》気温《きおん》の高い日が増《ふ》え、25日ごろからさらに平均気温《へいきんきおん》が高い日が続《つづ》いたことが分かります。

3 正解の基準 アドバイス

・模範解答《もはんかいとう》と同じような内容《ないよう》であれば正解《せいかい》。

○第《だい》[7]段落《だんらく》にあるように、「猛暑《もうしょ》は日本だけでなく世界各地《せかいかくち》を襲《おそ》って」います。第《だい》[9]・[10]段落《だんらく》にあるように、「温暖化《おんだんか》の原因《げんいん》は、化石燃料《かせきねんりょう》を燃《も》やすことで出る温室効果《おんしつこうか》ガス」です。「1992年に採択《さいたく》された気候変動枠組《きこうへんどうわくぐ》み条約《じょうやく》では『大気中の温室効果《おんしつこうか》ガスの濃度《のうど》を安定化《あんていか》させる』」とうたっていますが、「30年以上《いじょう》たった今も、排出量《はいしゅつりょう》は増《ふ》え続《つづ》けて」います。

は、2年続《つづ》けて共同声明《きょうどうせいめい》がまとまらなかった。ウクライナ侵攻《しんこう》後の先進諸国《せんしんしょこく》とロシアとの対立《たいりつ》に加《くわ》え、脱炭素《だつたんそ》に向けた先進《せんしん》国と新興《しんこう》国の姿勢《しせい》の違《ちが》いが原因《げんいん》だ。

13 関係者《かんけいしゃ》によると、環境相《かんきょうしょう》会合では主要《しゅよう》7カ国（G7）は2035年60％削減《さくげん》の必要性《ひつようせい》を強調《きょうちょう》したが、中国などが支持《しじ》しなかった。エネルギー相《しょう》会合では、化石《かせき》燃料《ねんりょう》の段階的廃止《だんかいてきはいし》や再生可能《さいせいかのう》エネルギーの容量《ようりょう》を2030年までに3倍《ばい》にする目標《もくひょう》について合意《ごうい》できなかった。

14 現状《げんじょう》の各国《かっこく》の目標《もくひょう》を達成《たっせい》できても気温《きおん》は2・8度上昇《どじょうしょう》する可能性《かのうせい》が高い。イギリスの研究機関《けんきゅうきかん》は、「G20は目の前で起《お》きている気候変動《きこうへんどう》という非常事態《ひじょうじたい》に、リーダーシップを発揮《はっき》できていない」と指摘《してき》している。

＊猛暑日《もうしょび》…最高気温《さいこうきおん》が35度以上《どいじょう》の日。最高気温《さいこうきおん》が25度以上《どいじょう》の日は「夏日」、30度以上《どいじょう》の日は「真夏日《まなつび》」という。

＊気候変動枠組み条約《きこうへんどうわくぐみじょうやく》…地球温暖化《ちきゅうおんだんか》を防《ふせ》ぐための国際的《こくさいてき》な取《と》り決《き》めを定《さだ》めた条約《じょうやく》。1992年に国連《こくれん》で採択《さいたく》された。

調べよう 高気圧《こうきあつ》／熱中症《ねっちゅうしょう》／温室効果《おんしつこうか》ガス／産業革命《さんぎょうかくめい》／国連気候変動《こくれんきこうへんどう》に関《かん》する政府《せいふ》間パネル／脱炭素《だつたんそ》／再生可能《さいせいかのう》エネルギー

●右の記事《きじ》を読んで後の問《と》いに答えましょう。

1 2023年7月の日本の平均気温《へいきんきおん》が、観測史上《かんそくしじょう》、最《もっと》も高かった原因《げんいん》は、どのようなことですか。二つの点に分けて、それぞれ記事《きじ》を参考《さんこう》に説明《せつめい》しましょう。

例 地球温暖化《ちきゅうおんだんか》の影響《えいきょう》で気温《きおん》が上がりやすくなっていたこと。

例 7月下旬《げじゅん》にフィリピン周辺《しゅうへん》の台風の影響《えいきょう》で太平洋《たいへいよう》高気圧《きあつ》の勢力《せいりょく》が強まったこと。

2 2023年7月の日本の平均気温《へいきんきおん》の推移《すいい》について、1978年と比《くら》べて言えることを、記事《きじ》中のグラフを参考《さんこう》に説明《せつめい》しましょう。

例 10日ごろから1978年を超《こ》える日が増《ふ》え、下旬《げじゅん》には多くの日で超《こ》えていた。

3 地球温暖化《ちきゅうおんだんか》の原因《げんいん》について、「排出量《はいしゅつりょう》」という言葉《ことば》を使《つか》って、記事《きじ》を参考《さんこう》に説明《せつめい》しましょう。

例 化石燃料《かせきねんりょう》を燃《も》やすことで出る温室効果《おんしつこうか》ガスの排出量《はいしゅつりょう》が増《ふ》え続《つづ》けているから。

4 2023年のG20のエネルギー相《しょう》会合や環境相《かんきょうしょう》会合で共同声明《きょうどうせいめい》がまとまらなかった原因《げんいん》について、記事《きじ》を参考《さんこう》に書きましょう。

例 ウクライナ侵攻《しんこう》後の先進諸国《せんしんしょこく》とロシアとの対立《たいりつ》に加《くわ》え、脱炭素《だつたんそ》に向《む》けた先進《せんしん》国と新興《しんこう》国の姿勢《しせい》の違《ちが》いがあったから。

5 地球温暖化《ちきゅうおんだんか》を防《ふせ》ぐために、自分にはどのようなことができると思いますか。あなたの考えを書きましょう。

例 化石燃料《かせきねんりょう》の使用量《しようりょう》を増《ふ》やさないよう節電《せつでん》を心がけ、できるだけ自動《じどう》車を使《つか》わずに徒歩《とほ》や自転《じてん》車、公共《こうきょう》交通機関《きかん》で移動《いどう》する。

日本や世界《せかい》の平均気温《へいきんきおん》の変化《へんか》について調《しら》べてみよう。

調べよう

・**高気圧《きあつ》** 気圧《きあつ》（空気の圧力《あつりょく》）が周《まわ》りより高いところ。天気が良《よ》くなることが多い。

・**熱中症《ねっちゅうしょう》** 体内に熱《ねつ》がこもり、体温《たいおん》を調節《ちょうせつ》する機能《きのう》がうまく働《はたら》かなくなる状態《じょうたい》。

・**温室効果《おんしつこうか》ガス** 二酸化炭素《にさんかたんそ》やメタンなど、大気中の熱《ねつ》を吸収《きゅうしゅう》する性質《せいしつ》のあるガスのこと。大気中の温室効果《おんしつこうか》ガスが増《ふ》えると地表付近《ちひょうふきん》の温度《おんど》が上昇《じょうしょう》し、地球温暖化《ちきゅうおんだんか》につながる。

・**産業革命《さんぎょうかくめい》** 18～19世紀《せいき》に産業《さんぎょう》と社会の構造《こうぞう》が大きく変《か》わったこと。産業革命《さんぎょうかくめい》以降《いこう》、化石燃料《かせきねんりょう》の使用量《しようりょう》が増《ふ》えたことなどから、大気中の温室効果《おんしつこうか》ガスの濃度《のうど》は高まり続《つづ》けている。

・**国連気候変動《こくれんきこうへんどう》に関《かん》する政府《せいふ》間パネル** 気候変動《きこうへんどう》に関《かん》して科学的《てき》に分析《ぶんせき》する国際組織《こくさいそしき》。

・**脱炭素《だつたんそ》** 温室効果《おんしつこうか》ガスの排出量《はいしゅつりょう》を実質《じっしつ》ゼロにすることを目指《めざ》す取《と》り組《く》み。

・**再生可能《さいせいかのう》エネルギー** 太陽《たいよう》光や風力、地熱《ちねつ》など、なくなることなく繰《く》り返《かえ》し使《つか》えるエネルギーのこと。発電《はつでん》するときに二酸化炭素《にさんかたんそ》を出さない。

4 正解の基準

・模範解答《もはんかいとう》と同じような内容《ないよう》であれば正解《せいかい》。

アドバイス

○第[11]段落《だんらく》にあるように、「世界《せかい》は、産業革命《さんぎょうかくめい》前からの気温上昇《きおんじょうしょう》を1・5度《ど》に抑《おさ》える目標《もくひょう》」を掲《かか》げています。2015年の国連《こくれん》気候変動枠組条約締約国会議《きこうへんどうわくぐみじょうやくていやくこくかいぎ》（COP《コップ》21）で採択《さいたく》された「パリ協定《きょうてい》」で示《しめ》されました。2023年3月の国連気候変動《こくれんきこうへんどう》に関《かん》する政府《せいふ》間パネル（IPCC）の報告《ほうこく》書では、この目標《もくひょう》を達成《たっせい》するために、温室効果《おんしつこうか》ガスの排出《はいしゅつ》を「2035年までに60％減《へ》らす必要《ひつよう》があると報告《ほうこく》」されました。

○一方で、第《だい》[12]段落《だんらく》にあるように、2023年7月にインドで開《ひら》かれたG20（主要《しゅよう》20カ国・地域《ちいき》）のエネルギー相《しょう》会合や環境相《かんきょうしょう》会合では、2年続《つづ》けて共同《きょうどう》声明がまとまりませんでした。「ウクライナ侵攻《しんこう》後の先進諸国《せんしんしょこく》とロシアとの対立《たいりつ》に加《くわ》え、脱炭素《だつたんそ》に向《む》けた先進《せんしん》国と新興《しんこう》国の姿勢《しせい》の違《ちが》いが原因《げんいん》」です。

5 正解の基準

・地球温暖化《ちきゅうおんだんか》を防《ふせ》ぐために、自分にはどのようなことができると思うか、自分なりの意見《いけん》を述《の》べられていれば正解《せいかい》。

アドバイス

○第《だい》[5]・[6]段落《だんらく》にあるように、日本では「この126年で、7月の平均気温《へいきんきおん》は1・5度《ど》ほど」上がりました。「『猛暑《もうしょ》を底上《そこあ》げしているのが温暖化《おんだんか》なのは間違《まちが》いない』と指摘《してき》」されています。

○地球温暖化《ちきゅうおんだんか》を防《ふせ》ぐためには、化石燃料《かせきねんりょう》の使用量《しようりょう》を増《ふ》やさないようにすることが大切です。電気の多くは化石燃料《かせきねんりょう》を燃《も》やすことで作られるため、節電《せつでん》を心がけることや、できるだけ自動《じどう》車を使《つか》わず、徒歩《とほ》や自転《じてん》車、公共《こうきょう》交通機関《きかん》で移動《いどう》することが重要《じゅうよう》です。また、ごみを燃《も》やすときに温室効果《おんしつこうか》ガスが発生《はっせい》するので、ごみを減《へ》らすことも地球温暖化《ちきゅうおんだんか》を防《ふせ》ぐことにつながります。

○こうした点をふまえて、自分なりの考えをまとめましょう。

思考 解答と解説

世《せ》界《かい》の情《じょう》勢《せい》

このページの目標

ロシアのウクライナ侵攻《しんこう》や、影響力《えいきょう》を増《ま》すグローバルサウスの台頭などにより、世界《せかい》の情勢《じょうせい》が大きく変《か》わりつつあります。ウクライナ侵攻《しんこう》による影響《えいきょう》や、国際社会《こくさいしゃ》の構図《こうず》を学び、日本が国際社会《こくさい》で果《は》たすべき役割《やくわり》について考えましょう。

答え

思考 **世《せ》界《かい》の情《じょう》勢《せい》**

1 ロシアのウクライナ侵攻《しんこう》について、次《つぎ》の資料《しりょう》や会話文を参考《さんこう》に、後の問《と》いに答えましょう。

資料《しりょう》1

〈2023年7月12日掲載図表《けいさいずひょう》を改定《かいてい》〉

資料《しりょう》2

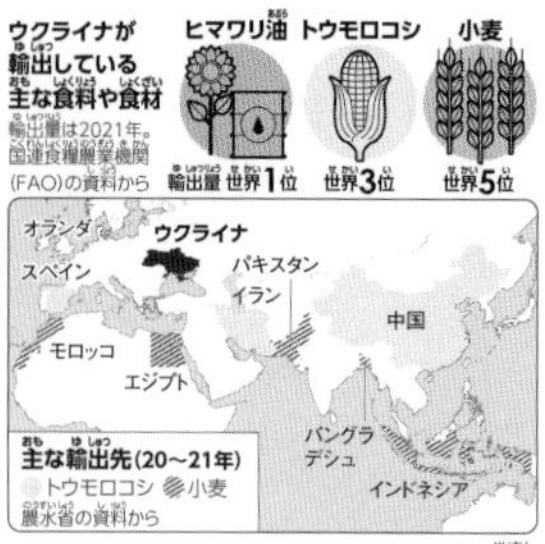

〈2023年7月19日掲載《けいさい》〉

＊NATO《ナトー》…アメリカやヨーロッパ諸国《しょこく》などが加盟《かめい》する国際軍事機構《こくさいぐんじきこう》。1949年、ソ連《れん》に対抗《たいこう》するために発足《ほっそく》した。
＊ＥＵ…ヨーロッパ連合《れんごう》。
＊牽制《けんせい》…相手《あいて》の注意《ちゅうい》を引きつけて、自由《じゆう》に行動《こうどう》させないこと。
＊ＧＤＰ…国内総生産《こくないそうせいさん》。一定《いってい》の期間《きかん》内に、その国の国内で生み出された物《もの》やサービスの付加価値《ふかかち》（生産《せいさん》によって加《くわ》えられた価値《かち》）の合計。

本木《もとき》先生：ロシアのウクライナ侵攻《しんこう》は、2023年10月時点でも続《つづ》いているね。自国だけの力では国を守《まも》れないウクライナは、以前《いぜん》から北大西洋条約機構《たいせいようじょうやくきこう》（ＮＡＴＯ《ナトー》）への加盟《かめい》を希望《きぼう》してきた。でも、ロシアにとっては歴史的《れきしてき》、文化的《ぶんかてき》に関係《かんけい》が深《ふか》く、国境《こっきょう》を接《せっ》するウクライナが、自分たちと敵対《てきたい》するＮＡＴＯ《ナトー》に加盟《かめい》することは自国への脅威《きょうい》になる。軍事侵攻《ぐんじしんこう》の背景《はいけい》には、そんな事情《じじょう》もあったんだ。

山口《やまぐち》さん：ＮＡＴＯ《ナトー》への加盟《かめい》は当面《とうめん》、難《むずか》しそうですね。軍事侵攻《ぐんじしんこう》は、軍事以外《ぐんじいがい》の面《めん》でも国際的《こくさいてき》な影響《えいきょう》があると聞きました。

本木《もとき》先生：ウクライナは穀物《こくもつ》の一大産地《さんち》だ。侵攻《しんこう》の影響《えいきょう》で輸出《ゆしゅつ》が滞《とどこお》り、世界的《せかいてき》に値段《ねだん》が上がれば、食料危機《しょくりょうきき》が悪化《あっか》しかねない。最《もっと》も影響《えいきょう》を受《う》けるのは経済力《けいざい》の弱い途上国《とじょう》だよ。

1 ウクライナのＮＡＴＯ《ナトー》加盟《かめい》に対《たい》するロシアとアメリカの姿勢《しせい》について、資料《しりょう》1と会話文を参考《さんこう》に説明《せつめい》しましょう。

例 ＮＡＴＯ《ナトー》と敵対《てきたい》するロシアは加盟《かめい》を認《みと》めず、アメリカは早期加盟《そうきかめい》に慎重《しんちょう》な立場をとる。

2 ウクライナ侵攻《しんこう》は、世界《せかい》の食料事情《しょくりょうじじょう》にどのような影響《えいきょう》をもたらしますか。資料《しりょう》2と会話文を参考《さんこう》に説明《せつめい》しましょう。

例 ウクライナはトウモロコシや小麦の一大産《さん》地《ち》で、輸出《ゆしゅつ》が滞《とどこお》って世界的《せかいてき》に値段《ねだん》が上がれば、途上国《とじょう》などで食料危機《しょくりょうきき》が悪化《あっか》する。

44

解答のポイント

それぞれ、次《つぎ》のようなポイントが読《よ》み取《と》れているかを確認《かくにん》しましょう。

1

正解の基準　アドバイス

1

・模範解答《もはんかいとう》と同じような内容《ないよう》であれば正解《せいかい》。

○資料《しりょう》1と会話文にあるように、「自国だけの力では国を守《まも》れないウクライナは、以前《いぜん》から北大西洋条約機構《たいせいようじょうやくきこう》（ＮＡＴＯ《ナトー》）への加盟《かめい》を希望《きぼう》して」きました。しかし、ロシアは「国境《こっきょう》を接《せっ》するウクライナが、自分たちと敵対《てきたい》するＮＡＴＯ《ナトー》に加盟《かめい》することは自国への脅威《きょうい》になる」と考え、ウクライナの加盟《かめい》を認《みと》めていません。また、ポーランドやバルト3国、フランスは、ウクライナの加盟《かめい》を支持《しじ》していますが、ロシアとの緊張《きんちょう》を高めたくないアメリカやドイツは早期加盟《そうきかめい》に慎重《しんちょう》な立場をとっています。

2

・模範解答《もはんかいとう》と同じような内容《ないよう》であれば正解《せいかい》。

○資料《しりょう》2と会話文にあるように、ウクライナはトウモロコシや小麦など穀物《こくもつ》の一大産地《さんち》です。ウクライナ侵攻《しんこう》の影響《えいきょう》で輸出《ゆしゅつ》が滞《とどこお》り、世界的《せかいてき》に穀物《こくもつ》の値段《ねだん》が上がれば、これまで主《おも》な輸出先《ゆしゅつ》だったパキスタンやバングラデシュなどが困《こま》るだけでなく、経済力《けいざい》の弱い途上国《とじょう》を中心に食料危機《しょくりょうきき》が悪化《あっか》するおそれがあります。

2

正解の基準　アドバイス

1

・模範解答《もはんかいとう》と同じような内容《ないよう》であれば正解《せいかい》。

○資料《しりょう》3にあるように、国際社会《こくさい》には様々《さまざま》な連携《れんけい》の枠組《わくぐ》みがあります。Ｇ7（主要《しゅよう》7カ国）は軍事侵攻《ぐんじしんこう》を受《う》けているウクライナを支援《しえん》し、ロシアを批判《ひはん》しています。また、ロシアと連携《れんけい》する中国を牽制《けんせい》しています。

2

2

国際《こくさい》社会の構図《こうず》とグローバルサウスについて、次の資料《しりょう》や会話文を参考《さんこう》に、後の問《と》いに答えましょう。

藤原《ふじわら》君　「グローバルサウス」という国々《くにぐに》が注目《ちゅうもく》されていますね。

本木《もとき》先生　アジアやアフリカなどの新興《しんこう》国・途上《とじょう》国のことだね。エネルギーや食料問題《しょくりょうもんだい》に直面《ちょくめん》している国も多く、ロシアのウクライナ侵攻《しんこう》に関《かん》しては批判《ひはん》を控《ひか》え、中国への経済《けいざい》依存《いぞん》に傾《かたむ》いているよ。一方で、インドやインドネシアなど経済成長《けいざいせいちょう》を続《つづ》けて先進諸国《せんしんしょこく》に並《なら》ぶ勢《いきお》いの国もあるんだ。

資料《しりょう》3

国際《こくさい》社会の構図《こうず》と連携《れんけい》の枠組《わくぐ》み

★…広島《ひろしま》で開《ひら》かれた主要《しゅよう》7カ国首脳会議《しゅのうかいぎ》（G7サミット）への招待《しょうたい》国

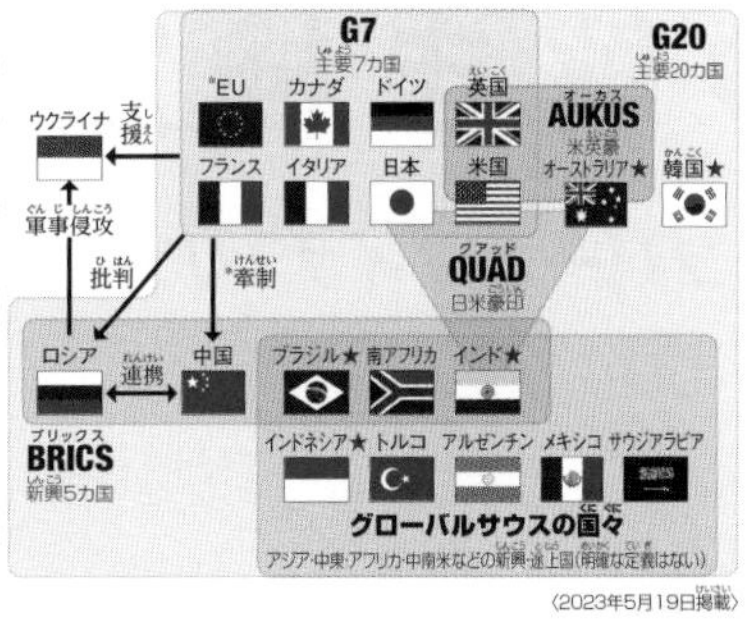

〈2023年5月19日掲載《けいさい》〉

資料《しりょう》4

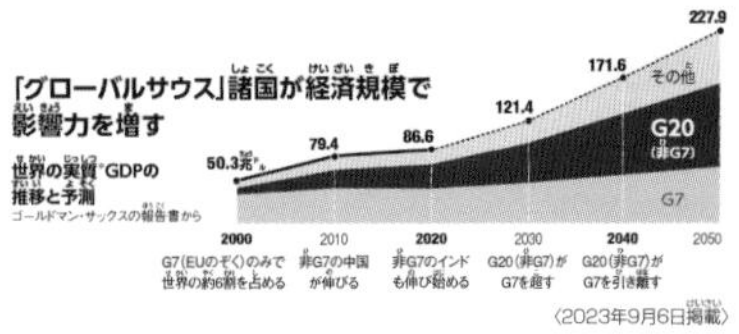

〈2023年9月6日掲載《けいさい》〉

1　ウクライナやロシア、中国に対《たい》するG7（主要《しゅよう》7カ国）の姿勢《しせい》について、資料《しりょう》3を参考《さんこう》に説明《せつめい》しましょう。

例　ウクライナを支援《しえん》してロシアを批判《ひはん》し、ロシアと連携《れんけい》する中国を牽制《けんせい》している。

2　グローバルサウスの定義《ていぎ》について、資料《しりょう》3と会話文を参考《さんこう》に説明《せつめい》しましょう。

例　アジアやアフリカなどの新興《しんこう》国・途上《とじょう》国のことだが、明確《めいかく》な定義《ていぎ》はない。

3　G20のうちG7を除《のぞ》いた国の実質《じっしつ》GDPについて、2030年以降《いこう》の予測《よそく》を、「グローバルサウス」という言葉《ことば》を使《つか》って、資料《しりょう》4を参考《さんこう》に説明《せつめい》しましょう。

例　グローバルサウスが経済規模《けいざいきぼ》で影響《えいきょう》力を増《ま》すと見られ、2030年にはG20（非《ひ》G7）がG7を超《こ》え、2040年には引《ひ》き離《はな》す。

4　ロシアのウクライナ侵攻《しんこう》が世界的《せかいてき》に影響《えいきょう》を与《あた》えるなか、日本は何をするべきだと思いますか。あなたの考えを書きましょう。

例　ロシアを頼《たよ》る途上《とじょう》国などへの支援《しえん》や連携《れんけい》を強化《きょうか》し、NATO《ナトー》加盟《かめい》国とロシアの間を取《と》り持《も》つなど戦闘《せんとう》を止める努力《どりょく》をするべきだ。

45

プラス学習　【北大西洋条約機構《たいせいようじょうやくきこう》（NATO《ナトー》）】

北大西洋条約機構《たいせいようじょうやくきこう》（NATO《ナトー》）は1949年に設立《せつりつ》されました。アメリカやイギリスなど12カ国による軍事同盟《ぐんじどうめい》として始《はじ》まり、現在《げんざい》はドイツやトルコなどを含《ふく》む31カ国が加盟《かめい》しています。NATO《ナトー》の大きな特徴《とくちょう》は、一つの加盟《かめい》国が攻撃《こうげき》を受《う》けた場合、全《すべ》ての加盟《かめい》国で防衛《ぼうえい》するという「集団防衛《しゅうだんぼうえい》」です。2001年にアメリカで起《お》こった同時多発《たはつ》テロでは、国際《こくさい》テロ組織《そしき》をかくまっているとして、アフガニスタンにNATO《ナトー》軍《ぐん》が送《おく》られました。

冷戦《れいせん》後は旧《きゅう》ソ連《れん》に支配《しはい》されていた中東欧諸国《とうおうしょこく》やバルト3国が続々《ぞくぞく》と加盟《かめい》し、ロシアも2002年に準加盟《じゅんかめい》国に承認《しょうにん》されました。しかし、ロシアのプーチン政権《せいけん》は旧《きゅう》ソ連《れん》の構成《こうせい》国だった国々《くにぐに》がアメリカやヨーロッパ寄《よ》りになることに危機感《ききかん》を覚《おぼ》え、2008年にジョージアへ侵攻《しんこう》し、2014年にはウクライナのクリミア半島《はんとう》の併合《へいごう》を宣言《せんげん》。2022年2月にウクライナへ侵攻《しんこう》すると、NATO《ナトー》とロシアとの対立《たいりつ》は決定的《けっていてき》になりました。

正解の基準

・模範解答《もはんかいとう》と同じような内容《ないよう》であれば正解《せいかい》。

アドバイス

○資料《しりょう》3と会話文にあるように、「グローバルサウス」という国々《くにぐに》が注目《ちゅうもく》されています。「アジアやアフリカなどの新興《しんこう》国・途上《とじょう》国のこと」ですが、明確《めいかく》な定義《ていぎ》はありません。

3

正解の基準

・模範解答《もはんかいとう》と同じような内容《ないよう》であれば正解《せいかい》。

アドバイス

○資料《しりょう》4と会話文にあるように、グローバルサウスの中には「インドやインドネシアなど経済成長《けいざいせいちょう》を続《つづ》けて先進諸国《せんしんしょこく》に並《なら》ぶ勢《いきお》いの国」もあり、今後、グローバルサウス諸国《しょこく》が経済規模《けいざいきぼ》で影響《えいきょう》力を増《ま》すと考えられています。世界《せかい》の実質《じっしつ》GDPは、2000年時点ではG7（EUのぞく）のみで世界《せかい》の約《やく》6割《わり》を占《し》めていましたが、その後、非《ひ》G7の中国とインドが伸《の》び、2030年にはG20（非《ひ》G7）がG7を超《こ》え、2040年にはG20（非《ひ》G7）がG7を引《ひ》き離《はな》すと予測《よそく》されています。

4

正解の基準

・ロシアのウクライナ侵攻《しんこう》が世界的《せかいてき》に影響《えいきょう》を与《あた》えるなか、日本は何をするべきだと思うか、自分なりの意見《いけん》を述《の》べられていれば正解《せいかい》。

アドバイス

○会話文にあるように、グローバルサウスの中には「エネルギーや食料問題《しょくりょうもんだい》に直面《ちょくめん》している国も多く」あります。ロシアはエネルギー資源《しげん》や食料《しょくりょう》を多く輸出《ゆしゅつ》しているため、そうした国は「ロシアのウクライナ侵攻《しんこう》に関《かん》しては批判《ひはん》」を控《ひか》えています。ロシアのウクライナ侵攻《しんこう》が世界的《せかいてき》に影響《えいきょう》を与《あた》えるなか、日本はロシアを頼《たよ》る途上《とじょう》国などへの支援《しえん》や連携《れんけい》を強化《きょうか》する必要《ひつよう》があります。また、敵対《てきたい》しているNATO《ナトー》加盟《かめい》国とロシアの間を取《と》り持《も》つなど、対話《たいわ》によって戦闘《せんとう》を止める努力《どりょく》をするべきだと考えられます。

○こうした点をふまえて、自分なりの考えをまとめましょう。

解答と解説

今解き検定 社会

マイナンバーとマイナンバーカード

今解き検定●社会

マイナンバーとマイナンバーカード

制限時間 15分　得点 ／25点

●マイナンバーとマイナカードについて説明《せつめい》した次《つぎ》の文章《ぶんしょう》や図表《ずひょう》を参考《さんこう》に、後の問《と》いに答えましょう。

「マイナンバー」とは、日本に住《す》む一人ひとりに割《わ》り当《あ》てられる12桁《けた》の数字で、2016年から付与《ふよ》が始《はじ》まった。国や自治体《じちたい》などが別々《べつべつ》に管理《かんり》する社会保障《ほしょう》、税《ぜい》、災害対策《さいがいたいさく》の個人情報《こじんじょうほう》は、この番号《ばんごう》にひもづけられている。それによって政府《せいふ》や自治体《じちたい》間の情報《じょうほう》のやりとりがスムーズになり、行政事務《ぎょうせいじむ》の効率化《こうりつか》につながっている。

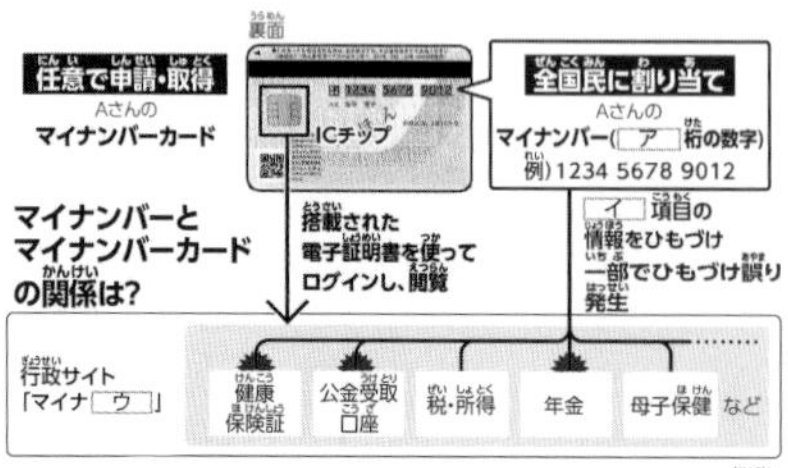

〈2023年7月6日掲載《けいさい》〉

「マイナンバーカード」の交付《こうふ》も2016年から始《はじ》まった。ナンバーと違《ちが》い、カードの申《もう》し込《こ》みや取得《しゅとく》は任意《にんい》だ。カードを使《つか》って行政《ぎょうせい》サイト「マイナポータル」にログインすると、健康保険証《けんこうほけんしょう》や税《ぜい》・所得《しょとく》など、計29項目《こうもく》の個人情報《こじんじょうほう》を見ることができる。また、引《ひ》っ越《こ》しなどの行政手続《ぎょうせいてつづ》きをオンラインで済《す》ますことができ、住民票《じゅうみんひょう》などの証明《しょうめい》書をコンビニで交付《こうふ》するサービスも受《う》けられる。

一方で、マイナカードを使《つか》って証明《しょうめい》書の交付《こうふ》を受《う》けようとすると別人《べつじん》のものが発行《はっこう》されるなど、マイナンバーに関《かん》するトラブルが相次《あいつ》いでいる。また、マイナカードを保険証《ほけんしょう》として使《つか》う「マイナ保険証《ほけんしょう》」で、別人《べつじん》の情報《じょうほう》が誤《あやま》って登録《とうろく》されたこともあった。大切な個人情報《こじんじょうほう》を管理《かんり》するのに、ミスの防止《ぼうし》や情報共有《じょうほうきょうゆう》の仕組《しく》みについて十分に調《しら》べないまま制度《せいど》やサービスを始《はじ》めてしまったとの指摘《してき》もある。

(1) 図表《ずひょう》のア～ウに当てはまる数字や言葉《ことば》を、文章《ぶんしょう》中から抜《ぬ》き出《だ》しましょう。（6点／2点×3）

ア［ 12 ］　イ［ 29 ］　ウ［ ポータル ］

(2) 国民《こくみん》にマイナンバーを割《わ》り当《あ》てることで、政府《せいふ》や自治体《じちたい》にはどのような利点《りてん》がありますか。文章《ぶんしょう》を参考《さんこう》に書きましょう。（6点）

例［政府《せいふ》や自治体《じちたい》間の情報《じょうほう》のやりとりがスムーズになり、行政事《ぎょうせいじ》務《む》が効率化《こうりつか》できること。］

(3) マイナンバーに関《かん》して、どのようなトラブルが発生《はっせい》していますか。「ひもづけ」という言葉《ことば》を使《つか》って、文章《ぶんしょう》と図表《ずひょう》を参考《さんこう》に説明《せつめい》しましょう。（7点）

例［一部《いちぶ》で情報《じょうほう》のひもづけの誤《あやま》りが発生《はっせい》し、別人《べつじん》の証明《しょうめい》書が交付《こうふ》されたり、マイナ保険証《ほけんしょう》に別人《べつじん》の情報《じょうほう》が登録《とうろく》されたりした。］

(4) マイナンバーに関《かん》するトラブルが相次《あいつ》いでいることについて、どのような問題《もんだい》点が指摘《してき》されていますか。文章《ぶんしょう》を参考《さんこう》に書きましょう。（6点）

例［ミスの防止《ぼうし》や情報共有《じょうほうきょうゆう》の仕組《しく》みについて十分に調《しら》べないまま制度《せいど》やサービスを始《はじ》めてしまったという問題《もんだい》点。］

46

採点基準

● (1) それぞれ解答《かいとう》通り。
(2) 模範解答《もはんかいとう》と同じような内容《ないよう》であれば正解《せいかい》。
(3) 模範解答《もはんかいとう》と同じような内容《ないよう》であれば正解《せいかい》。
(4) 模範解答《もはんかいとう》と同じような内容《ないよう》であれば正解《せいかい》。

解説

(1) 「マイナンバー」とは、日本に住《す》む一人ひとりに割《わ》り当《あ》てられる12桁《けた》の数字です。2016年から始《はじ》まった制度《せいど》で、生まれると自動《じどう》的《てき》にこの数字が付与《ふよ》されます。

「マイナンバーカード」の交付《こうふ》も2016年から始《はじ》まりました。カードにはその人のマイナンバーが記載《きさい》されています。カードのICチップに搭載《とうさい》された電子証明《しょうめい》書を使《つか》って、行政《ぎょうせい》サイト「マイナポータル」にログインすると、健康保《けんこうほ》険証《けんしょう》や税《ぜい》・所得《しょとく》など、計29項目《こうもく》の個人情報《こじんじょうほう》を見ることができます。

(2) 国や自治体《じちたい》などが別々《べつべつ》に管理《かんり》する社会保障《ほしょう》、税《ぜい》、災害対策《さいがいたいさく》の3分野の個人情報《こじんじょうほう》は、マイナンバーにひもづけられています。国民《こくみん》にマイナンバーを割《わ》り当《あ》てることで、政府《せいふ》や自治体《じちたい》間の情報《じょうほう》のやりとりがスムーズになり、行政事務《ぎょうせいじむ》の効《こう》率化《りつか》につながります。

(3)(4) マイナカードを使《つか》って住民票《じゅうみんひょう》や戸籍証明《こせきしょうめい》書の交付《こうふ》を受《う》けようとすると別人《べつじん》のものが発行《はっこう》されるなど、マイナンバーに関《かん》するトラブルが相次《あいつ》いでいます。原因《げんいん》は同じではありませんが、「マイナ保険《ほけん》証《しょう》」で別人《べつじん》の情報《じょうほう》が登録《とうろく》されたり、給付《きゅうふ》金の公金受取口座《うけとりこうざ》が別人《べつじん》のマイナンバーに登録《とうろく》されたりするケースもありました。大切な個人情《こじんじょう》報《ほう》を管理《かんり》するのに、ミスの防止《ぼうし》や情報共有《じょうほうきょうゆう》の仕組《しく》みについて十分に調《しら》べないまま制度《せいど》やサービスを始《はじ》めてしまったとの指摘《してき》もあります。総務省《そうむしょう》やデジタル庁《ちょう》は、マイナポータルで自身《じしん》の登録情報《とうろくじょうほう》を確認《かくにん》するよう求《もと》めています。

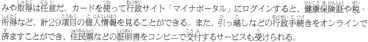

今解き検定　社会

原発《げんぱつ》の処理《しょり》水

解説

(1) 原子力発電所《はつでんしょ》の処理《しょり》水とは、東日本大震災《しんさい》で被災《ひさい》した東京電力福島第一原発《ふくしまだいいちげんぱつ》から発生《はっせい》した汚染《おせん》水から大半の放射性物質《ほうしゃせいぶっしつ》を取《と》り除《のぞ》いたあと、大量《たいりょう》の海水で薄《うす》めた水です。放射性物質《ほうしゃせいぶっしつ》の除去《じょきょ》には、多核種除去設備《たかくしゅじょきょせつび》（ALPS《アルプス》）を使用《しよう》します。

(2) 福島第一原発《ふくしまだいいちげんぱつ》では、溶《と》け落《お》ちた核燃料《かくねんりょう》（燃料《ねんりょう》デブリ）が残《のこ》る原子炉建屋《ろたてや》などに地下水や雨が流《なが》れ込《こ》み、汚染《おせん》水が増《ふ》え続《つづ》けています。原発《げんぱつ》の敷地《しきち》内にあるタンクに保管《ほかん》していますが、2024年にはタンクが満杯《まんぱい》になる見込《みこ》みです。敷地《しきち》内にタンクを増《ふ》やす余裕《よゆう》はないうえ、タンクを減《へ》らして取《と》り出《だ》した燃料《ねんりょう》デブリの保管場所《ほかんばしょ》を確保《かくほ》する必要《ひつよう》があるため、政府《せいふ》は2023年8月に処理《しょり》水の海への放出《ほうしゅつ》を始《はじ》めました。

(3) ALPS《アルプス》は多種類《しゅるい》の放射性物質《ほうしゃせいぶっしつ》を除去《じょきょ》することができますが、トリチウムは取《と》り除《のぞ》くことができません。トリチウムは三重水素《さんじゅうすいそ》とも呼《よ》ばれます。化学的《かがくてき》には水素《すいそ》と同じ性質《せいしつ》で、出す放射《ほうしゃ》線は弱いです。処理《しょり》水では、トリチウムの濃度《のうど》を国の放出基準《ほうしゅつきじゅん》（1リットルあたり60000ベクレル）の40分の1（1リットルあたり1500ベクレル）未満《みまん》にします。原子力規制委員会《きせいいいんかい》は処理《しょり》水の濃度《のうど》について、「人と環境《かんきょう》に対《たい》する影響《えいきょう》は小さい」としています。

(4) 処理《しょり》水の放出《ほうしゅつ》は約《やく》30年は続《つづ》く見通しです。海水や魚介類《ぎょかいるい》への影響《えいきょう》を調査《ちょうさ》し、「処理《しょり》水が放出《ほうしゅつ》された海でとれた水産物《すいさんぶつ》を食べると人間の体に悪影響《あくえいきょう》がある」といった風評被害《ふうひょうひがい》への対策《たいさく》をとることが重要《じゅうよう》になります。

今解き検定●社会

制限時間 15分　　得点 ／25点

原発《げんぱつ》の処理《しょり》水

●原発《げんぱつ》の処理《しょり》水について説明《せつめい》した次《つぎ》の文章《ぶんしょう》や図表《ずひょう》を参考《さんこう》に、後《と》の問いに答えましょう。

東京電力は2023年8月、東日本大震災《しんさい》で被災《ひさい》した福島第一《ふくしまだいいち》原子力発電《はつでん》所《しょ》から出た処理《しょり》水の海への放出《ほうしゅつ》を始《はじ》めた。処理《しょり》水とは、原発《げんぱつ》で発生《はっせい》した汚染《おせん》水から大半の放射性物質《ほうしゃせいぶっしつ》を取《と》り除《のぞ》いたあと、大量《たいりょう》の海水で薄《うす》めた水だ。

福島第一原発《ふくしまだいいちげんぱつ》では、溶《と》け落《お》ちた核燃料《かくねんりょう》（燃料《ねんりょう》デブリ）が残《のこ》る原子炉建屋《ろたてや》などに地下水や雨が流《なが》れ込《こ》み、汚染《おせん》水が1日あたり約《やく》90トン（2022年度《ねんど》）増《ふ》えていく。原発《げんぱつ》の敷地《しきち》内にあるタンクに保管《ほかん》しているが、2024年にはタンクが満杯《まんぱい》になる見込《みこ》みだ。敷地《しきち》内にタンクを増《ふ》やす余裕《よゆう》はないことなどから、政府《せいふ》は海への放出《ほうしゅつ》を決《き》めた。

処理《しょり》水には多核種除去設備《かくしゅじょきょせつび》（ALPS《アルプス》）での除去《じょきょ》が難《むずか》しいトリチウムという放射性物質《ほうしゃせいぶっしつ》が含《ふく》まれるが、出す放射《ほうしゃ》線は弱い。東電はトリチウムの濃度《のうど》を国の放出基準《ほうしゅつきじゅん》の□分の1未満《みまん》にする計画で、原子力規制《きせい》委員《いいん》会は「人と環境《かんきょう》に対《たい》する影響《えいきょう》は小さい」としている。処理《しょり》水の放出《ほうしゅつ》は約《やく》30年は続《つづ》く見通しで、海水や魚介類《ぎょかいるい》への影響《えいきょう》を調査《ちょうさ》するなど、風評《ふうひょう》（根拠《こんきょ》の不確《ふたし》かなうわさ）被害対策《ひがいたいさく》が重要《じゅうよう》となる。

処理《しょり》水とは　ALPS《アルプス》で汚染《おせん》水から大半の放射性物質《ほうしゃせいぶっしつ》を除去《じょきょ》し、海水で薄《うす》めたもの
- 含《ふく》まれるトリチウム……1リットルあたり1500ベクレル未満《みまん》（計画）
- 年間の放出量《ほうしゅつりょう》……22兆《ちょう》ベクレル未満《みまん》。数十年かけて流《なが》すことになる

トリチウムとは　三重水素《さんじゅうすいそ》とも呼《よ》ばれ、化学的《かがくてき》には水素《すいそ》と同じ性質《せいしつ》
- 水の形で存在《そんざい》し、ALPS《アルプス》で除去《じょきょ》できない
- 放射《ほうしゃ》線は弱い
- 放射能《ほうしゃのう》が半分になる期間《きかん》（半減期《はんげんき》）は12.3年
- 国内外の原発《げんぱつ》などでも発生《はっせい》し、海に流《なが》している

トリチウム水の水分子

1リットルあたりに含《ふく》まれるトリチウム	
トリチウムの法令《ほうれい》の放出基準《ほうしゅつきじゅん》	60000ベクレル
WHO（世界保健機関《せかいほけんきかん》）の飲料《いんりょう》水ガイドライン	10000ベクレル
処理《しょり》水	1500ベクレル未満《みまん》
海水や雨水、飲料《いんりょう》水など	0.1～1.0ベクレル

政府《せいふ》や東電の資料《しりょう》から　　〈2023年7月5日掲載《けいさい》〉

(1) 海への放出《ほうしゅつ》が始《はじ》まった原子力発電所《はつでんしょ》の処理《しょり》水とは、どのような水ですか。文章《ぶんしょう》と図表《ずひょう》を参考《さんこう》に説明《せつめい》しましょう。（6点）

例［原発《げんぱつ》で発生《はっせい》した汚染《おせん》水からALPS《アルプス》で大半の放射性物質《ほうしゃせいぶっしつ》を除去《じょきょ》したあと、大量《たいりょう》の海水で薄《うす》めた水。］

(2) 政府《せいふ》が処理《しょり》水の海への放出《ほうしゅつ》を決《き》めた理由《りゆう》について、文章《ぶんしょう》を参考《さんこう》に説明《せつめい》しましょう。（7点）

例［汚染《おせん》水が増《ふ》えていき、保管《ほかん》しているタンクは満杯《まんぱい》になりそうだが、原発《げんぱつ》の敷地《しきち》内にタンクを増《ふ》やす余裕《よゆう》はないから。］

(3) 文章《ぶんしょう》の□に当てはまる数字を、図表《ずひょう》を参考《さんこう》に答えましょう。（6点）

［40］

(4) 処理《しょり》水の放出《ほうしゅつ》が長く続《つづ》くと見込《みこ》まれる中、どのようなことが重要《じゅうよう》とされていますか。文章《ぶんしょう》を参考《さんこう》に書きましょう。（6点）

例［海水や魚介類《ぎょかいるい》への影響《えいきょう》を調査《ちょうさ》し、風評被害対策《ふうひょうひがいたいさく》をすること。］

47

採点基準

- (1) 模範解答《もはんかいとう》と同じような内容《ないよう》であれば正解《せいかい》。
- (2) 模範解答《もはんかいとう》と同じような内容《ないよう》であれば正解《せいかい》。
- (3) 解答《かいとう》通り。
- (4) 模範解答《もはんかいとう》と同じような内容《ないよう》であれば正解《せいかい》。

今解き作文教室

解説と解答例

イマトキ先生

問題《もんだい》のテーマについて、繰《く》り返《かえ》しを避《さ》けた読みやすい文章《ぶんしょう》を書くことができたかな？　問《と》いかけに対《たい》する答え方のヒントを次《つぎ》に紹介《しょうかい》しておくから参考《さんこう》にしてね。

○あなたの印象《いんしょう》に残《のこ》った2023年のニュースを一つ取《と》り上《あ》げ、あなたの意見《いけん》を書きましょう。

まず、どのニュースを取《と》り上《あ》げて書くかを決《き》めよう。「緊迫《きんぱく》した国《こく》際情勢《さいじょうせい》」や「新型《しんがた》コロナの5類移行《るいいこう》」の話題《わだい》を思い浮《う》かべる人も多いかもしれないね。「G7広島《ひろしま》サミット」「世界的《せかいてき》な異常気象《いじょうきしょう》」「生成《せいせい》AIの活用」などを取《と》り上《あ》げることもできるよ。ニュースを知ったときの場面《ばめん》や思ったことを振《ふ》り返《かえ》り、そのニュースについて今どう思っているのか、考えをまとめよう。

問いかけ 解答例

　2023年10月、将棋《しょうぎ》の棋士《きし》、藤井聡太《ふじいそうた》さんが王座《おうざ》のタイトルを手に入れて、前人未到《みとう》の「八冠独占《はちかんどくせん》」を達成《たっせい》した。私《わたし》は藤井《ふじい》さんの活躍《かつやく》がきっかけで将棋《しょうぎ》をはじめ、タイトル戦《せん》のたびに結果《けっか》がどうなるかを楽しみにしていたので、このニュースがとても印象《いんしょう》に残《のこ》った。

　八冠《はちかん》に至《いた》るまでのタイトル戦《せん》では、人工知《ち》能《のう》（AI）のこともよく取《と》り上《あ》げられた。八《はち》冠達成《かんたっせい》を決《き》めた王座戦《おうざせん》でも、AIの評価値《ひょうかち》で勝率《しょうりつ》が極《きわ》めて低《ひく》い状態《じょうたい》から大逆転《ぎゃくてん》したことが話題《わだい》になった。また、最初《さいしょ》のタイトル獲得《かくとく》となった棋聖戦《きせいせん》では、AIが6億《おく》手読《よ》んでようやく発見《はっけん》できる一手を藤井《ふじい》さんが指《さ》したことが、多くの棋士《きし》たちを驚《おどろ》かせた。

　藤井《ふじい》さんは早くから将棋《しょうぎ》の研究《けんきゅう》にAIを取《と》り入れてきたそうだ。しかし一方で、「感覚《かんかく》的《てき》に指し手を取捨選択《しゅしゃせんたく》できるのが人間の強み」「意図《いと》を持《も》って指し手を選《えら》ぶという人間ならではのことを大切にしたい」などとも語っている。こうした藤井《ふじい》さんの言葉《ことば》に、私《わたし》は、今後私《わたし》たちがAIとうまくつき合っていくための大きなヒントがあるように感《かん》じた。

　今や生成《せいせい》AIを使《つか》って小説《しょうせつ》や絵をかいたり、曲《きょく》を作ったりと、様々《さまざま》なことが手軽《てがる》にできる。一方で、急速《きゅうそく》な進化《しんか》を続《つづ》けるAIに人間の仕《し》事《ごと》が奪《うば》われかねないとも言われる。私《わたし》たちには全《すべ》てをAI任《まか》せにせず、人間の感性《かんせい》を大事《だいじ》にすることが求《もと》められると思う。八冠達成《はちかんたっせい》のニュースは、将棋《しょうぎ》の世界《せかい》に限《かぎ》らず、AI時代《じだい》における人間の可能性《かのうせい》を示《しめ》していると考える。

20字×30行

印象《いんしょう》に残《のこ》ったニュースが取《と》り上《あ》げられたね。

ニュースにかかわることをくわしく書いているね。

自分の考えが書けているね。